utb 4400

Eine Arbeitsgemeinschaft der Verlage

Böhlau Verlag · Wien · Köln · Weimar
Verlag Barbara Budrich · Opladen · Toronto
facultas · Wien
Wilhelm Fink · Paderborn
A. Francke Verlag · Tübingen
Haupt Verlag · Bern
Verlag Julius Klinkhardt · Bad Heilbrunn
Mohr Siebeck · Tübingen
Nomos Verlagsgesellschaft · Baden-Baden
Ernst Reinhardt Verlag · München · Basel
Ferdinand Schöningh · Paderborn
Eugen Ulmer Verlag · Stuttgart
UVK Verlagsgesellschaft · Konstanz, mit UVK/Lucius · München
Vandenhoeck & Ruprecht · Göttingen · Bristol
Waxmann · Münster · New York

Uni Tipps

herausgegeben von Helga Esselborn-Krumbiegel

In der Reihe sind bisher erschienen:

H. Esselborn-Krumbiegel:	*Richtig wissenschaftlich schreiben*
M. Herrmann u. a.:	*Schlüsselkompetenz Argumentation*
A. Limburg/S. Otten:	*Schreiben in den Wirtschaftswissenschaften*
C. Mix:	*Schreiben im Jurastudium*
E. Püschel:	*Selbstmanagement und Zeitplanung*
K. Schindler:	*Klausur, Protokoll, Essay*
J. Theuerkauf:	*Schreiben im Ingenieurstudium*
E. Müller:	*Schreiben in Naturwissenschaften und Medizin*
U. Lange:	*Fachtexte lesen – verstehen – wiedergeben*
F. Macglichrist:	*Academic Writing*

Steffi Staaden

Rechtschreibung und Zeichensetzung endlich beherrschen

Regeln und Übungen

Ferdinand Schöningh

Die Autorin:
Steffi Staaden ist Dozentin für Deutsch. Seit Ende der 1980er Jahren arbeitet sie freiberuflich in den verschiedensten Bereichen, die die deutsche Sprache betreffen. Ihr Seminarrepertoire reicht von Kursen in Deutsch als Fremdsprache, Deutsch für Muttersprachler bis hin zu Seminaren in Rhetorik und beruflicher Kommunikation sowie rhetorischer Prüfungsvorbereitung. Seit der verbindlichen Einführung der neuen Rechtschreibregeln 2006 hält sie regelmäßig Seminare zur Rechtschreibung und Zeichensetzung an der Universität Köln im Auftrag des Kölner Studierendenwerks und anderer Institutionen. Zudem betreibt sie ein Lektorat/Korrektorat für hauptsächlich wissenschaftliche Abschlussarbeiten und Publikationen.

Kontakt: steffi.staaden@arcor.de

Online-Angebote oder elektronische Ausgaben sind erhältlich unter **www.utb-shop.de**

Bibliografische Information der Deutschen Nationalbibliothek

Die Deutsche Nationalbibliothek verzeichnet diese Publikation in der Deutschen Nationalbibliografie; detaillierte bibliografische Daten sind im Internet über http://dnb.d-nb.de abrufbar.

Internet: www.schoeningh.de

Printed in Germany.
Herstellung: Ferdinand Schöningh, Paderborn
Einbandgestaltung: Atelier Reichert, Stuttgart

UTB-Band-Nr: 4400
ISBN 978-3-8252-4400-2

Inhalt

Vorwort und Eingangstest 9

I. Rechtschreibung 17

1. Groß- und Kleinschreibung 19

1.1 Nomen 20
1.2 Verben 21
1.3 Adjektive 23
1.4 Adverbien 28
1.5 Numeralien und Indefinitpronomen 30
1.6 Wochentage und Tageszeiten 35
1.6.1 Wochentage 35
1.6.2 Tageszeiten 36
1.6.3 Temporaladverbien 37
1.7 Die Anrede 39
1.8 Recht/recht, zu Recht/zurecht, Deutsch/deutsch 41
1.8.1 „Recht" oder „recht"? 41
1.8.2 „zu Recht" oder „zurecht"? 43
1.8.3 „Deutsch" oder „deutsch"? 45
1.9 Nomen in anderer Funktion 47

2. Getrennt- und Zusammenschreibung 50

2.1 Nomen und Nominalisierungen 51
2.2 Adjektive 52
2.3 Verben 58
2.4 Adverbien 70
2.5 Feste Wortverbindungen – zwei Schreibweisen 71

3. Einzelphänomene 74

3.1 Verwechslungsgefahr bei einigen Wörtern 74
3.2 Der s-Laut (s / ss / ß) 76
3.3 „das" oder „dass"? 81

3.4 Fremdwortschreibung ... 85
3.4.1 Änderungen durch die Reform ... 85
3.4.2 Richtige Fremdwortschreibung ... 86
3.4.3 Pluralbildung von Fremdwörtern ... 87
3.4.4 Richtige Konjugation englischer Verben ... 89
3.5 Worttrennung ... 91

II. Zeichensetzung ... 95

4. Der Punkt ... 97

5. Das Semikolon ... 101

6. Das Ausrufezeichen ... 102

7. Das Fragezeichen ... 104

8. Die Klammern ... 106

8.1 Runde Klammern ... 106
8.2 Eckige Klammern ... 108

9. Der Schrägstrich ... 109

10. Der Bindestrich ... 111

11. Der Gedankenstrich ... 117

12. Der Doppelpunkt ... 120

13. Die Anführungszeichen ... 122

14. Der Apostroph ... 126

15. Gemischte Übung zu Kapitel 4 bis 14 ... 129

16. Kommasetzung ... 131

16.1 Komma bei Aufzählungen ... 131
16.2 Komma bei Hauptsätzen ... 137
16.3 Komma bei Nebensätzen ... 138
16.4 Komma bei Infinitivgruppen ... 148
16.5 Komma bei Partizipgruppen ... 153
16.6 Komma bei nachgestellten Erläuterungen, Zusätzen und Appositionen ... 154

16.7 Komma bei Zeitangaben, Anreden und Grußformeln, Ausrufen und Stellungnahmen ... 159
16.8 Kommasetzung bei Verwendung von Spiegelstrichen ... 161

17. Zitat, Quellenangabe und Literaturverzeichnis ... 163

17.1 Zitat und Quellenangabe ... 163
17.1.1 Direkte Zitate ... 163
17.1.2 Indirekte Zitate und Quellenangaben ... 165
17.1.3 Quellenangabe in Klammern innerhalb des Textes ... 166
17.1.4 Quellenangabe nach der Harvard-Methode ... 167
17.1.5 Quellenangabe nach dem Vancouver-Style ... 168
17.1.6 Quellenangabe in der Fußnote ... 169
17.1.7 Vollbeleg ... 169
17.1.8 Kurzbeleg ... 170
17.1.9 Unterschiedliche Zeichenkombination bei wörtlichen Zitaten ... 170

17.2 Das Literaturverzeichnis ... 172

Mini-Grammatik – Erklärung grammatischer und anderer Fachbegriffe mit Beispielen ... 176

Lösungsteil ... 182

(Kommentiertes) Literaturverzeichnis ... 203

Register ... 205

Vorwort und Eingangstest

Im Studium gehört es zum normalen Alltag, Protokolle, Berichte, Hausarbeiten, Präsentationen und letztlich eine Abschlussarbeit zu verfassen. **Korrekte Rechtschreibung und Zeichensetzung wird von der Hochschule vorausgesetzt!** Neben fundiertem wissenschaftlichen Arbeiten wird eine gute Lesbarkeit Ihrer Texte erwartet, die durch richtige Schreibung wesentlich erhöht wird. Folglich ist es eine Selbstverständlichkeit, dass Ihre Arbeit auch schreibtechnisch fehlerfrei zu sein hat – nach dem Motto: „Ein schönes Bild braucht einen schönen Rahmen".

Ein wichtiger Hinweis direkt zu Beginn: Viele verlassen sich heutzutage auf die Word-Rechtschreibprüfung oder ähnliche Prüfungsprogramme. Davon ist grundsätzlich abzuraten, da diese Programme sehr (!) fehlerhaft arbeiten – im schlimmsten Fall basteln sie Fehler, die Sie selbst nicht gemacht hätten, in den Text. So hat sogar DUDEN vor kurzem sein PC-Korrekturprogramm wieder vom Markt genommen.

Dieses Buch ist vor allem geeignet für Studierende (und alle anderen Personen), die die Rechtschreib- und Zeichensetzungsregeln systematisch erlernen, auffrischen oder sichergehen möchten, die aktuellen Regeln richtig anzuwenden.

Die Regeln der ersten Reform von 1996, die die meisten Leser[1] dieses Buchs in der Grundschule gelernt haben und die damals zu Recht viel Unmut hervorrief, wurde anschließend gründlich überarbeitet. 2006 wurden schließlich die nun geltenden Regeln verbindlich eingeführt: Viele Regelungen von 1996 wurden revidiert oder ganz zurückgenommen, andere neu eingeführt. Dies betrifft vor allem die **Getrennt- und Zusammenschreibung**, die noch nie einfach zu handhaben war. Ferner hat schon immer die **Groß- und Kleinschreibung** vielen Menschen Probleme bereitet. Diesen Bereichen widmet sich dieser Band in systematischer Weise. Daneben werden viele kleine und größere **Fallstricke der Rechtschreibung** behandelt, wobei selbstverständlich kein Anspruch auf Vollständigkeit erhoben wird.

Ein oft vernachlässigter Bereich in der Rechtschreibung ist die **Zeichensetzung.** Vor allem die Kommas werden häufig nach Gefühl gesetzt, ohne die Systematik zu (er)kennen und anzuwenden. Auch in diesem Bereich

---

1 Aus Gründen der Lesefreundlichkeit verwende ich lediglich die maskuline Form – die feminine Form ist jedoch stets mitgemeint.

wird dieses Buch Klarheit schaffen und die strukturellen Bedingungen offenlegen. Dieser Band wird sich aber auch mit allen anderen wichtigen Zeichen befassen.

Am Ende dieses Großkapitels bekommen Sie noch viele Informationen zur **Zeichensetzung im speziell wissenschaftlichen Bereich**: zu Zitation, Quellenangaben und zum Literaturverzeichnis.

Um Sicherheit im Umgang mit der Rechtschreibung und Zeichensetzung zu erlangen, ist – wie bei allem im Leben – nicht nur die Kenntnis der Regeln wichtig, sondern vor allem das Verstehen; allerdings gibt es auch nicht für jedes auftretende sprachliche Phänomen eine befriedigende, logische Erklärung. Zudem gilt: Keine Regel ohne Ausnahme!

Das Wichtigste bei der richtigen Schreibung ist jedoch, die Regeln vom Bewusstsein ins Unterbewusstsein zu überführen, um letztlich beim Nachdenken und/oder Nachschlagen Zeit einzusparen. Dies funktioniert aber nur durch ÜBEN, ÜBEN, ÜBEN.

Die Lernforschung geht davon aus, dass man von dem, was man liest, nur ca. 40 Prozent behält. Diese magere Ausbeute kann man mindestens verdoppeln, indem man handelt: also den Sachverhalt einübt. Dazu soll dieser Band Anleitung und Hilfe bieten. Diesen lerntheoretischen Überlegungen folgt auch die Struktur dieses Buchs: Zunächst werden die relevanten **Regeln und Beispiele präsentiert und erklärt**. An fast jedes Kapitel schließt sich dann ein kürzerer oder längerer **Übungsteil** an, wobei die Übungen jeweils aufsteigend schwieriger werden. Die **Lösungen** (kommentiert und/oder mit Nennung der zugehörigen Regel) finden Sie am Buchende, schwierige oder zweideutige Fälle werden ge- und erklärt.

Ein Hinweis: Bitte seien Sie ehrlich zu sich selbst: Machen Sie erst die Übung und schauen Sie dann nach der Lösung! Dann werden Sie mit Sicherheit die gewünschten Fortschritte erzielen.

Es empfiehlt sich, den **Rechtschreibteil** des Buchs systematisch von Anfang bis Ende zu bearbeiten. Vor allem rate ich dazu, sich zunächst mit der Groß- und Kleinschreibung zu befassen, bevor Sie sich mit der Zusammen- und Getrenntschreibung beschäftigen. Im **Teil Zeichensetzung** ist dagegen keine Reihenfolge angezeigt.

Indem Sie diesen Band zur Hand genommen haben, haben Sie den ersten Schritt getan, um den Zustand der Unsicherheit zu ändern – also weiter so!

Übung

Eingangstest
Bevor es an die Aufarbeitung eventueller Defizite geht, testen Sie zunächst Ihre Rechtschreib- und Zeichensetzungskenntnisse anhand der folgenden Sätze. Kreuzen Sie an, welcher der jeweils vier Sätze richtig geschrieben ist!

Frage 1:
1. Immer Sonntags schläft sie ein bisschen länger. ☐
2. Immer sonntags schläft sie ein Bisschen länger. ☐
3. Immer sonntags schläft sie ein bisschen länger. ☒
4. Immer Sonntags schläft sie ein Bisschen länger. ☐

Frage 2:
1. Ihr Alle seit zur Feier eingeladen. ☐
2. Ihr alle seid zur Feier eingeladen. ☒
3. Ihr Alle seid zur Feier eingeladen. ☐
4. Ihr alle seit zur Feier eingeladen. ☐

Frage: 3
1. Das geschieht den beiden recht. ☐
2. Das geschieht den Beiden recht. ☐
3. Das geschieht den Beiden Recht. ☐
4. Das geschieht den beiden Recht. ☒

Frage 4:
1. Die Freundinnen wollten beim gemeinsamen fernsehen nebeneinandersitzen. ☐
2. Die Freundinnen wollten beim gemeinsamen fernsehen nebeneinander sitzen. ☒
3. Die Freundinnen wollten beim gemeinsamen Fernsehen nebeneinander sitzen. ☐
4. Die Freundinnen wollten beim gemeinsamen Fernsehen nebeneinandersitzen. ☐

Frage 5:
1. Wenn ich Zeit habe, gehe ich gerne eislaufen. ☒
2. Wenn ich Zeit habe gehe ich gerne Eislaufen. ☐

3. Wenn ich Zeit habe, gehe ich gerne Eis laufen. ❑
4. Wenn ich Zeit habe gehe ich gerne eislaufen. ❑

Frage 6:
1. Der Richter musste ihn Ausnahms-Weise frei sprechen. ❑
2. Der Richter musste ihn ausnahmsweise frei sprechen. ❑
3. Der Richter musste ihn ausnahmsweise freisprechen. ❑
4. Der Richter musste ihn ausnahms Weise freisprechen. ❑

Frage 7:
1. Das Lärm gesundheitsschädlich ist, dass wollen viele nicht glauben. ❑
2. Dass Lärm gesundheitsschädlich ist, das wollen viele nicht glauben. ❑
3. Dass Lärm gesundheitsschädlich ist, dass wollen viele nicht glauben. ❑
4. Das Lärm gesundheitsschädlich ist, das wollen viele nicht glauben. ❑

Frage 8:
1. Für sein Referat hat er große Mengen an Literatur zusammengetragen. ❑
2. Für sein Referat hat er grosse Mengen an Literatur zusammen getragen. ❑
3. Für sein Referat hat er grosse Mengen an Literatur zusammengetragen. ❑
4. Für sein Referat hat er große Mengen an Literatur zusammen getragen. ❑

Frage 9:
1. Von dem Ballettänzer gibt es schöne Photographien. ❑
2. Von dem Balletttänzer gibt es schöne Fotographien. ❑
3. Von dem Balletttänzer gibt es schöne Fotografien. ❑
4. Von dem Ballettänzer gibt es schöne Photographien. ❑

Frage 10:
1. Gibt es im pazifischen Ozean Delphine? ❑
2. Gibt es im Pazifischen-Ozean Delphine? ❑
3. Gibt es im Pazifischen Ozean Delfine? ❑
4. Gibt es im pazifischen Ozean Delfine? ❑

Frage 11:
1. Beim Anklicken der Seite gelangt man zu Brecht's Songtexten. ☐
2. Beim Anklicken der Seite gelangt man zu Brechts Songtexten. ☐
3. Beim anklicken der Seite gelangt man zu Brechts Songtexten. ☐
4. Beim anklicken der Seite gelangt man zu Brecht's Songtexten. ☐

Frage 12:
1. Ich habe ihn nur ein paarmal gesehen vielleicht zwei- bis dreimal. ☐
2. Ich habe ihn nur ein paarmal gesehen, vielleicht zwei bis drei mal. ☐
3. Ich habe ihn nur ein paar mal gesehen vielleicht zwei- bis dreimal. ☐
4. Ich habe ihn nur ein paarmal gesehen, vielleicht zwei- bis dreimal. ☐

Frage 13:
1. Das Moped war 100 prozentig getuned. ☐
2. Das Moped war 100-Prozentig getunt. ☐
3. Das Moped war 100-prozentig getuned. ☐
4. Das Moped war 100-prozentig getunt. ☐

Frage 14:
1. Sie ging ohne Bescheid zu sagen. ☐
2. Sie ging, ohne Bescheid zu sagen. ☐
3. Sie ging ohne bescheidzusagen. ☐
4. Sie ging, ohne bescheid zu sagen. ☐

Frage 15:
1. Er fragte sich wann sie endlich vorbeikommt? ☐
2. Er fragte sich, wann sie endlich vorbeikommt? ☐
3. Er fragte sich wann sie endlich vorbeikommt. ☐
4. Er fragte sich, wann sie endlich vorbeikommt. ☐

Frage 16:
1. Die Anmeldung erfolgt nicht per Post, sondern online, bzw. per Fax. ☐
2. Die Anmeldung erfolgt nicht per Post sondern online bzw. per Fax. ☐
3. Die Anmeldung erfolgt nicht per Post, sondern online bzw. per Fax. ☐
4. Die Anmeldung erfolgt nicht per Post sondern online, bzw. per Fax. ☐

Frage 17:
1. Trotz der Warnungen und Hinweisschilder, hielten sich die anderen nicht an die Vorschriften. ☐
2. Trotz der Warnungen und Hinweisschilder hielten sich die Anderen nicht an die Vorschriften. ☐
3. Trotz der Warnungen und Hinweisschilder, hielten sich die Anderen nicht an die Vorschriften. ☒
4. Trotz der Warnungen und Hinweisschilder hielten sich die anderen nicht an die Vorschriften. ☐

Frage 18:
1. Die Aula, die festlich geschmückt war, war, während der Aufführung, gut besucht. ☐
2. Die Aula, die festlich geschmückt war, war während der Aufführung gut besucht. ☒
3. Die Aula, die festlich geschmückt war war während der Aufführung gut besucht. ☐
4. Die Aula die festlich geschmückt war, war während der Aufführung gut besucht. ☐

Lösung und Verweis auf die entsprechenden Kapitel

Frage	Richtig ist	Siehe
1.	Satz 3	Kap. 1.6.2 + Kap. 1.5
2.	Satz 2	Kap. 1.5 + Kap. 3.1
3.	Satz 1	Kap. 1.5 + Kap. 1.8 üben
4.	Satz 4	Kap. 1.2 + Kap. 2.3 üben
5.	Satz 1	Kap. 16.3 + Kap. 2.3
6.	Satz 3	Kap. 2.4 + Kap. 2.3
7.	Satz 2	Kap. 3.4
8.	Satz 1	Kap. 3.3 + Kap. 2.3
9.	Satz 3	Kap. 3.2 + Kap. 3.5.1
10.	Satz 3	Kap. 1.3 + Kap. 3.5.1
11.	Satz 2	Kap. 1.2 + Kap. 14
12.	Satz 4	Kap. 16.6 + Kap. 10

13.	Satz 4	Kap. 10 + Kap. 3.5.4	üben
14.	Satz 2	Kap. 16.4 + Kap. 2.3	üben
15.	Satz 4	Kap. 16.3 + Kap. 7	üben
16.	Satz 3	Kap. 16.1	
17.	Satz 4	Kap. 16.3 + Kap. 1.5	üben
18.	Satz 2	Kap. 16.3	

Sie haben einige (oder viele) Fehler bei der Beantwortung gemacht? Dann haben Sie jetzt die Möglichkeit, dies zu ändern: Entweder arbeiten Sie nun systematisch ein Kapitel nach dem anderen durch, wodurch Sie immer sicherer im Umgang mit der Rechtschreibung und Zeichensetzung werden, oder Sie erarbeiten nur die Phänomene, bei denen Sie Fehler gemacht haben – die entsprechenden Kapitel sind in der Liste angegeben.

Sie haben alle Fragen richtig beantwortet? Herzlichen Glückwunsch! Wenn Sie mehr und Genaueres erfahren möchten, lesen und üben Sie doch trotzdem weiter – es lohnt sich mit Sicherheit!

I. RECHTSCHREIBUNG

1. Die Groß- und Kleinschreibung

Die deutsche Sprache ist (neben der luxemburgischen) weltweit die einzige Sprache, bei der eine differenzierte Großschreibung existiert, also nicht nur Eigennamen und der Satzanfang großgeschrieben werden.

Auch wenn das rechtschreibtechnisch nicht immer einfach zu handhaben ist, ist dies keine überflüssige Eigenart des Deutschen, sondern bedeutet im Gegenteil einen großen sprachlichen Reichtum, um den uns viele andere Nationen beneiden, da durch die unterschiedliche Groß- und Kleinschreibung sprachlich präziser und gleichzeitig facettenreicher formuliert werden kann. Zudem folgt die Groß- und Kleinschreibung einer inneren Logik und Struktur, die sich gut lernen lässt; allerdings gibt es einige wenige Ausnahmen, die Sie hier aber kennenlernen werden. Damit auch Sie diesen sprachlichen Reichtum (richtig) nutzen können, werden wir uns nun strukturiert mit diesem Thema befassen.

Neben Satzanfang und Eigennamen werden im Deutschen die **Nomen** (ein anderes Wort für die gleiche Sache ist „**Substantiv**") **großgeschrieben**. Das Wort Nomen stammt aus dem Lateinischen und bedeutet „Name, Begriff".

Großgeschrieben werden aber auch alle **Nominalisierungen**, also **andere Wortarten in nominaler Funktion**, auch wenn sie weiterhin ihrer eigenen Wortart angehören. So können auch Verben, Adjektive, Adverbien oder Zahlen als Nomen fungieren. Hier einige Beispiele für Nominalisierungen, bei denen die Unterschiede (in der Schreibung) deutlich werden:

Verb in der Grundfunktion Verb: *Ich **l**aufe jeden Tag 5 km.*
Verb in der Funktion Nomen: *Beim **L**aufen kann ich gut abschalten.*

Adjektiv in der Grundfunktion Adjektiv: *Ein **g**uter Mensch hilft seinen Freunden.*
Adjektiv in der Funktion Nomen: *Man sieht nicht immer sofort das **G**ute eines Menschen.*

Adverb in der Grundfunktion Adverb: *Im Zimmer lag alles **d**urcheinander.*
Adverb in der Funktion Nomen: *Dieses **D**urcheinander war unerträglich.*

Zahl in der Grundfunktion Zahl: *Zum Treffpunkt kamen **v**ier Freunde.*
Zahl in der Funktion Nomen: *Eine **V**ier im Examen wäre deprimierend.*

Diese Unterscheidungen werden Sie im weiteren Verlauf noch näher kennenlernen und üben.

1.1 Nomen

Man unterscheidet konkrete Nomen (*der Mensch, die Blume, das Buch*) von abstrakten Nomen (*der Mut, die Eitelkeit, das Vertrauen*). Nomen besitzen ein bestimmtes Geschlecht und haben dementsprechend einen Artikel, können aber durchaus auch ohne Artikel im Satz vorkommen, z. B. in folgenden Fällen:
Ich esse am liebsten Brot nur mit Butter. Auch ein Chef sollte immer Mensch bleiben. Mut müsste man haben! Toleranz ist anerzogen und nicht angeboren.

Regel

Nomen schreibt man groß.

Bestimmte Merkmale erleichtern es, Nomen als solche zu erkennen. Sie sollten Ihnen als **Signalwörter bzw. -silben** dienen:

1. **Endungen** wie *-keit, -heit, -ung, -nis, -tum, -ion* kommen nur bei Nomen vor, sie sind also ein eindeutiger Hinweis auf Großschreibung: *Geschwindigkeit, Freiheit, Vertiefung, Ereignis, Eigentum, Version*
2. **Artikel** *der, die, das, ein, eine*
   Die **Verschmelzung von Präposition mit Artikel** (z. B. *am (= an dem), im (= in dem), zum (= zu dem), beim (= bei dem), fürs (= für das), aufs (= auf das)*) weist ebenfalls auf ein Nomen oder eine Nominalisierung hin:
   Wir stehen am Meer, denn wir sind zum Segeln einladen und warten aufs Auslaufen.
3. **Adjektive** weisen auch auf ein Nomen hin:
   schlechtes Wetter, teure Mieten, langer und beschwerlicher Weg
4. **Pronomen** (Possessivpronomen wie z. B. *mein(e), dein(e), ihr(e)* und Demonstrativpronomen *diese, dieser, dieses*) stehen ebenfalls immer nur bei Nomen bzw. Nominalisierungen:
   mein Gewissen, dein Vater, ihre Bluse, dieses Haus, dieser Stift, dieses Versprechen
5. **Zahlwörter** (bestimmte oder unbestimmte): *hundert / fünf / alle / einige / wenige / zahllose Personen*

Adjektive

1.2 Verben

Regel

Verben schreibt man klein.
ich lese, du schreibst, er kocht, wir übten, sie hat aufgehört zu rauchen, wir wollen tanzen, ihr seid gefahren, sie haben gegessen, du wirst gewinnen

Dies bedarf wohl keiner weiteren Erläuterung. Wichtig ist hingegen Folgendes:

Regel

Verben können auch **nominalisiert**, also in der Funktion eines Nomens verwendet werden, dann schreibt man sie **groß.**

Ein nominalisiertes Verb steht entweder
- im Infinitiv (*Das* ***Lernen*** *war mühsam.*)
- oder im Partizip (*Sorgfältig* ***Gelerntes*** *vergisst man nicht so schnell.*).

Um eine Nominalisierung des Verbs zu erkennen, helfen **bestimmte Merkmale** (siehe voriges Kapitel zu den Nomen):
- *Er hasst* ***stupides*** *Auswendiglernen.* (Adjektiv)
- ***Ihr*** *Entgegenkommen freut mich sehr.* (Pronomen)
- *Die besten Ideen hat sie* ***beim*** *Duschen.* (Präposition + Artikel)
- *Nach der Operation schmerzte* ***das*** *Gehen noch.* (Artikel, immer im Neutrum)

Anmerkung zum Artikel:
Manchmal wird aus stilistischen Gründen bei einer Verbnominalisierung der Artikel weggelassen, wodurch Unsicherheiten in der Schreibung entstehen können.

Tipp

>> Hier hilft es, den Artikel probeweise einzusetzen. Ergibt das einen Sinn, handelt es sich um eine Nominalisierung, es muss also großgeschrieben werden.
Im Coloniusbad macht [das] Schwimmen Spaß.

Ein ähnliches Problem besteht beim nominalisierten Partizip eines Verbs, das immer einen Artikel besitzt. Allerdings wird im Deutschen der letzte Buchstabe des Artikels an das Partizip (wie eine Endung) angehängt.

>> **Tipp**

Formen Sie das Partizip um, indem Sie die Endung in einen Artikel verwandeln – und schon sehen Sie, dass Sie großschreiben müssen.
*Man sollte Verschimmelte**s** (= da**s** Verschimmelte) sofort wegwerfen.*
*Es nützt nichts, Vergangene**m** (= de**m** Vergangenen) nachzutrauern.*
*Der Reporter sprach mit Überlebende**n** (= de**n** Überlebenden) des Unglücks.*

Übung 1

Tragen Sie nun das Verb in der richtigen Schreibweise und – falls vorhanden – das entscheidende Merkmal für Großschreibung ein!

		Verb	Merkmal
1.	Er verschluckte sich beim K/kauen.	kauen	
2.	Ich habe nicht genug Zeit zu L/lernen.	lernen	
3.	Hartes T/trainieren führt zum Erfolg.	Einkaufe	das
4.	Das stressige E/einkaufen macht keinen Spaß.		
5.	Nicht immer ist E/erzähltes wahr.		
6.	Sein L/lächeln war entwaffnend.		
7.	Mich stört nachts dieses laute B/brummen.		
8.	Er will V/verborgenem auf die Spur kommen.		
9.	Vielen Dank fürs G/gratulieren.		
10.	Du kannst es G/glauben oder nicht.		

Übung 2

Groß oder klein? Ergänzen Sie richtig!

1. LERNEN: Nimm dir doch mehr Zeit zum ________________.
2. WARTEN: Längeres ________________ macht im Allgemeinen ungeduldig.
3. DRÄNGELN: Manchmal ________________ die Leute unnötig.
4. GEFÄLSCHTES / ERKENNEN: Es ist nicht immer einfach, ________________ sofort zu ________________.
5. REDEN: Schnelles ________________ zeugt von viel Temperament.
6. NACHDENKEN / LÖSEN: Durch genaues ________________ ist das Problem zu ________________.
7. GESAGTES: Einmal ________________ kann man nicht mehr zurücknehmen.
8. GEHEN: Die anderen brauchen noch nicht zu ________________.
9. DURCHSEHEN / AUFGEFALLEN: Beim ________________ der Zeitschriften ist uns Ihre Anzeige ________________.
10. GEKOCHTEM: Ich gebe frisch ________________ den Vorzug.
11. ENTGEGENKOMMEN / DANKEN: Für Ihr freundliches ________________ ________________ wir Ihnen im Voraus.
12. EINTREFFEN / FESTGESTELLT : Nach ________________ Ihres Schreibens haben wir leider einen Fehler ________________.
13. EXPERIMENTIEREN: Es ist wichtig, ein Kind zum ________________ anzuregen.
14. LIEBENDEN: Eltern sollten ________________ nicht im Weg stehen.

1.3 Adjektive

Adjektive haben die Aufgabe, Nomen bestimmte Eigenschaften zuzuschreiben.

Meistens steht ein Adjektiv direkt bei einem Nomen, es kann aber auch allein stehen. Es kommt auch hier (wie bei den Verben) auf die Funktion an, die das Adjektiv im Satz übernimmt.

Regel

Adjektive schreibt man klein.

Kleinschreibung gilt für:

- **Adjektive, die sich auf ein Nomen beziehen, mit entsprechender Endung:**
  ein großer Garten, die schönen Blumen, junge und kluge Bewerber, die günstigen Angebote, das gelbe Kleid
  Vorsicht: Adjektive können auch nachgestellt werden, auch dann schreibt man sie klein. Nur aus stilistischen Gründen wird die Wortwiederholung, in den folgenden Beispielen in eckige Klammern gesetzt, weggelassen. Dies gilt allerdings nur, wenn das Adjektiv in der Nähe des zugehörigen Nomens steht und der Bezug eindeutig ist:
  Die neuen Schüler wurden vom Direktor zuerst begrüßt, die älteren [Schüler] danach.
  Von den Hemden gefallen mir vor allem die blauen [Hemden], aber nicht die gestreiften [Hemden].
  Ich habe mir einen neuen PC gekauft. Der alte [PC] war kaputt.
  Aber: *Ich habe ein neues Programm auf den PC gespielt, aber mein Alter (=* umgangssprachlich für „Vater") *kommt damit nicht zurecht.*

- **Adjektive ohne Endung, die sich auf ein Verb beziehen (= Prädikativ):**
  Der Garten ist groß. Die Blumen waren schön. Das Angebot ist günstig.

- **Adjektive, die gesteigert werden:**
  groß – größer – am größten
  gut – besser – am besten
  Wichtig: Auch im Superlativ, der höchsten Steigerungsform (z. B. *am schnellsten*), schreibt man klein, da „am" hier *keine* Verschmelzung von Präposition und Artikel darstellt, sondern zur Formbildung des Superlativs gehört.

Tipp

>> Wenn Sie unsicher sind, ob groß- oder kleingeschrieben werden muss, lösen Sie „am" auf in „an dem". Ergibt das keinen Sinn, wird kleingeschrieben.

- **Adjektive ohne Endung, mit Präposition in bestimmten festen Paarverbindungen:**
  Das wird über kurz oder lang zu einem Problem werden.
  Von nah und fern war nichts zu sehen.
  Hier hast du alles schwarz auf weiß.
  Vorsicht: Es existieren auch ähnliche feste Verbindungen, die großgeschrieben werden, wie z. B. *Ein Erlebnisbad für Groß* (= Erwachsene) *und Klein* (= Kinder).

Tipp

>> Bezeichnen die Adjektive in solchen festen Wendungen Personengruppen, wird großgeschrieben. Alle anderen dieser Paarformeln schreibt man klein.

- **Adjektive, die von geografischen Bezeichnungen abgeleitet sind und auf -*isch* (plus entsprechender Endung) enden:**
  französische Bücher, belgisches Bier, britischer Humor

Regel

Adjektive können auch **nominalisiert**, also in der Funktion eines Nomens verwendet werden, dann schreibt man sie **groß**.

Besitzt das Adjektiv kein Bezugsnomen, das durch das Adjektiv näher bestimmt wird, fungiert das Adjektiv selbst als Nomen.

Großschreibung gilt für:

- **Adjektive ohne Artikel:**
  Man sagt, dass Blau (= die blaue Farbe) *beruhigt.*
  Sie isst gerne Süßes am Abend.
  Erledigen Sie Wichtiges immer sofort!

Tipp

>> Hat das Adjektiv keinen Artikel, kein Bezugsnomen und ein „s" am Wortende (alle drei Bedingungen müssen erfüllt sein!), handelt es sich immer um eine Nominalisierung, es muss also großgeschrieben werden.

- **Adjektive mit Artikel:**
  Was ist das Gute daran?
  Das Beste ist gerade gut genug.
  Ich lese gerade das Buch „Madonna, ein Blonder!"

- **Adjektive mit Verschmelzung von Präposition und Artikel:**
  Im Großen und Ganzen stimmt das.
  Seine Aussage traf genau ins Schwarze.
  Die Polizei tappt weiter im Dunkeln.

- **Adjektive, die Personen oder Personengruppen bezeichnen:**
  Meine Jüngste ist 24 Jahre alt.
  Jung und Alt feierten zusammen ein Fest.
  Manchmal werden Dicke diskriminiert.

- **Adjektive, die von geografischen Bezeichnungen abgeleitet sind und auf -er enden:**
  Frankfurter Würstchen
  Aachener Dom
  Laacher See

- **Adjektive in Eigennamen, Titeln und Amtsbezeichnungen:**
  Peter der Große (= Russlands erster Kaiser)
  der Heilige Vater (= der Papst)
  der Regierende Bürgermeister von Berlin

- **Adjektive in Verbindung mit einem Nomen in neuer Gesamtbedeutung:**
  das Kap der Guten Hoffnung (= ein Kap im Süden Afrikas)
  der Rote Planet (= der Planet Mars)
  die Heilige Nacht (= Weihnacht)
  der Weiße Tod (= Lawinenunglück mit tödlichem Ausgang)
  der Große Wagen (= ein Sternbild)
  der Stille Ozean (= der Pazifik)

Vorsicht: Ob die Verbindung von Adjektiv und Nomen tatsächlich eine neue Gesamtbedeutung (bekommen) hat, also immer großgeschrieben wird, klärt oft nur ein Blick in ein aktuelles (!) Wörterbuch. Manchmal existieren sogar zwei zulässige Schreibweisen, wie z. B. die *Gelbe Karte / gelbe Karte* im Fußball.

Übung 3

Groß oder klein? Ergänzen Sie richtig!

1. SCHÖNEN: Beim Ball trafen sich die ______________ der Gesellschaft.
2. BESTE: Er war für die Prüfung aufs ______________ vorbereitet.
3. AM BESTEN: Du bewirbst dich ______________ sofort.
4. GESUNDEN: Für einen ______________ ist dieser Weg keine Strapaze.
5. GUTE / GUTES: Geld zu spenden, ist eine ______________ Möglichkeit, ______________ zu tun.
6. ALTE: Friedrich II, genannt der ______________ Fritz, war König von Preußen.
7. SPANISCHEN / PARISER: Ich empfehle ______________ Portwein zu ______________ Waffeln!
8. FRANZÖSISCHEN: Ihre Hausarbeit befasst sich mit der ______________ Revolution.
9. ALTER / BEDEUTENDES: Nun ist er ein ______________ Mann und hat in seinem Leben sehr ______________ geleistet.
10. KLASSISCHE / SPORTLICHE: Ich trage gerne ______________ Kleidung, ______________ gefällt mir aber auch.
11. ANGENEHMES / NÜTZLICHEM: Gut, wenn man ______________ mit ______________ verbinden kann.
12. REICHEN: Letztlich haben immer die ______________ das Sagen.
13. SCHLANKES: Viele Unternehmen setzen heute auf ______________ Management.
14. BLAU / ROTE: Schreiben Sie den Text in ______________, keine ______________ Tinte verwenden.
15. TECHNISCHE / FREIWILLIGE: Das ______________ Hilfswerk war schnell vor Ort, aber auch viele ______________ halfen bei den Aufräumarbeiten.
16. SCHLIMMSTE: So wurde das ______________ verhindert.

17. SCHÖNE / ALT / JUNG: Am Schloss gibt es viele ____________ Parkanlagen, in denen ____________ und ____________ gerne spazieren gehen.
18. ALTES / NEUES: In der Technik muss ständig ____________ durch ____________ ersetzt werden.
19. NEUEN / ALTES: In der ____________ Medizin wird zunehmend auf ____________ Wissen zurückgegriffen.
20. DICK / DOOF / DICK / DÜNN: ____________ und ____________ gingen immer zusammen durch ____________ und ____________.
21. ECHTE / UNECHTEN: Es erfordert viel Sachverstand, will man ____________ von ____________ Schmuckstücken unterscheiden.
22. SCHWEIZER: Seit 1975 erhielten sieben ____________ Wissenschaftler den Nobelpreis in Naturwissenschaften.
23. JUGENDLICHE / JUGENDLICHEN: Hinter dem Bahnhof wurden zwei ____________ Opfer eines Überfalls; die ebenfalls ____________ Täter konnten unerkannt flüchten.
24. ARM / REICH: Mit Interesse verfolgten ____________ und ____________ die Spiele.
25. GELBEN: Nach dem Skandal um Manipulationen steht der Preis für den „____________ Engel" vor dem Aus.

1.4 Adverbien

Adverbien beziehen sich auf das Verb (lateinisch „ad" = „bei"/„zu") – es ist also eine Wortart, die zum verbalen Ausdruck gehört. Adverbien werden nicht dekliniert, haben also keine Endung.

Regel

Adverbien schreibt man klein.

Er lernt öfter als sein Bruder. Sie tut das gern. Der Ort liegt jenseits des Flusses. Das Buch ist hier. Komm jetzt her! Ich komme sofort. Es ist bald Ostern. Er geht nach unten. Die Kerne befinden sich innen. Sie ist ihren Mitschülern voraus.

Regel

Einige Adverbien können auch **nominalisiert**, also in der Funktion eines Nomens verwendet werden, dann schreibt man sie **groß.**

Auch hier gelten wieder die üblichen **Nominalmerkmale**, vor allem der **Artikel** sowie **die Verschmelzung von Präposition mit Artikel.** Die Nominalisierung erhält manchmal eine entsprechende Endung:
Das Innere ist noch warm. Einige glauben ans Jenseits, aber man sollte im Hier und Jetzt leben. Das hat sie schon des Öfteren gehört. Bitte Unteres zuerst weglegen. Ich bedanke mich im Voraus.

Übung 4

Groß oder klein? Setzen Sie richtig ein!

1. HIER / JETZT: Glücklich ist, wer das ________ und ________ genießen kann.
2. ÄUSSEREN: Beurteile nie einen Menschen nur nach seinem ________.
3. ÖFTERS / DIESSEITS / JENSEITS: Chris hat seinen Opa ________ besucht und ihn schließlich auf dem Weg vom ________ ins ________ begleitet.
4. JETZT: Nach dem Bau des Staudamms ist der Wasserspiegel des Yangtze ______ so stark angestiegen, dass ganze Dörfer geflutet sind.
5. JENSEITS: Neue Orte sind _______ der drei Schluchten entstanden.
6. OBEN: Weitere Millionenstädte wurden weiter ________ im Hang neu erbaut.
7. HIER: So etwas wäre ________ in Deutschland undenkbar.
8. INNEREN / SOFORT: Im ________ des Vulkans brodelt es immer noch, er kann ________ wieder ausbrechen.
9. ÖFTEREN: Dies hat sich in den letzten Jahrzehnten schon des ________ ereignet.
10. VORAUS / BALD: Im ________ lässt sich nicht vorhersagen, ob das schon ________ geschieht.
11. INNEREN: Welche Bereiche gehören zum Fachgebiet der ________ Medizin?

1.5 Numeralien und Indefinitpronomen

In diesem Kapitel dreht sich alles um Zahlen und (unbestimmte) Mengen. Die Groß- bzw. Kleinschreibung ist zwar klar geregelt, aber leider gibt es auch eine Reihe von Ausnahmen und Besonderheiten, die Probleme bereiten können. Hier ist also Vorsicht geboten.

Regel

Zahlwörter (unter einer Million), Ordinalzahlen, Zahladjektive und unbestimmte Mengenangaben schreibt man klein.

Kleinschreibung gilt für:

- **Zahlwörter:**
  Es kamen zwanzig Teilnehmer zum Kurs.
  Wir zwei gehörten schon immer zusammen.
  In Abschnitt neun befindet sich ein Fehler.
  Ungefähr tausend Menschen sind obdachlos geworden.
  Sie treffen sich um acht [Uhr].

- **Ordinalzahlen (als Adjektiv):**
  Der dritte Versuch war erfolgreich.
  Jeder fünfte Artikel wurde bemängelt.

- **Zahladjektive und unbestimmte Mengenangaben:**
  Sehr viele haben anderen geholfen, die meisten sind freiwillig gekommen, aber nur wenige konnten ihr Hab und Gut retten.
  Wenn alle zum Treffen kommen, sind wir beide auch mit dabei.
  Der eine liegt abends auf dem Sofa, während der andere lieber aktive Erholung betreibt, manche erholen sich auch in der Sauna, einige lesen ein gutes Buch, jeder macht etwas anderes gern.

Sie sehen, man kann hier nicht entscheiden, wie groß die jeweilige Menge ist. Wie viel sind „viele“, „einige“ oder „manche“? Wir haben es also mit unbestimmten Mengenangaben (Indefinitpronomen) zu tun – **die obengenannten Beispiele werden immer kleingeschrieben.**

Anmerkung: Der Artikel weist zwar auf eine Nominalisierung hin, er ist jedoch keine hinreichende Bedingung für Großschreibung, was bedeutet, dass es bei den Indefinitpronomen **Ausnahmen** gibt. So schreibt man z. B.

„die beiden" immer klein. Auch „der/die/das andere" wird trotz des Artikels kleingeschrieben. Großschreibung ist nur in einer bestimmten Bedeutung möglich (aber nicht unbedingt nötig), wenn z. B. der/die/das „Andersartige" gemeint ist:

Das vollkommen Andere im afrikanischen Land Benin hatte sie begeistert.
Der Fotograf Jimmy Nelson – immer unterwegs auf der Suche nach dem Anderen – zeigt in seinem Fotoband „Before they pass away" Volksstämme fernab jeglicher Zivilisation.

Ich betone das noch einmal, weil hier sehr häufig Fehler gemacht werden, unter anderem auch deshalb, weil die erste Rechtschreibreform der 1990er Jahre in diesen Fällen andere Regeln eingeführt hatte, die aber wieder rückgängig gemacht wurden! Vielleicht gehören Sie ja auch zu der Gruppe, die zwischen 1996 bis 2006 zur Grundschule gegangen ist, dann haben Sie dies nämlich anders gelernt. Also bitte merken!

Daneben gibt es aber auch unbestimmte Mengenangaben, die großgeschrieben werden, das lesen Sie nun im Folgenden – also keine einfache Thematik!

Regel

Zahlen und unbestimmte Mengenangaben können auch **nominalisiert**, also in der Funktion eines Nomens verwendet werden, dann schreibt man sie **groß**.

Großschreibung gilt für:

- **Kardinalzahlen (= Grundzahlen) ab einer Million**

- **Kardinalzahlen als Bezeichnung von Ziffern:**
  Ich setze alle Chips auf die Siebzehn.
  Sie hat eine Sechs gewürfelt.
  In Mathe hat er eine Zwei.

- **Ordinalzahlen (als Nomen):**
  Jeder Fünfte ist für eine Kameraüberwachung an Bahnhöfen.
  Im Mai ist der Zwanzigste ein Donnerstag.
  Er kam als Vorletzter an die Reihe.
  Hierbei sind die Rechte Dritter zu beachten.

Tipp

Steht die Ordinalzahl vor einem Nomen, schreibt man sie klein:
*Er studiert im **z**weiten Semester.*
Steht die Ordinalzahl allein, ist sie selbst das Nomen, man schreibt sie dann groß:
*Sie wurde beim Herbstlauf **Z**weite.*

Tipp

Aufpassen müssen Sie allerdings, wenn die Ordinalzahl einen Vor- oder Rückbezug hat:
*Lisa entschied sich für das **z**weite, Mona für das **d**ritte Klausurthema.*
*Simon nahm den **e**rsten Termin, Robin den **l**etzten [Termin].*

- **Unbestimmte Mengenangaben (als Nomen):**
  Bei folgenden Beispielen handelt es sich ebenfalls um nicht eindeutig definierte Mengenangaben, diese schreibt man aber groß. Ein Hinweis auf Großschreibung sind die nominalen Merkmale: Artikel oder eine Verschmelzung von Artikel mit Präposition bzw. ein vorangestelltes Attribut (z. B. „alles").
  Hierbei trägt der Einzelne das Risiko selbst.
  Ich bin froh, wenn das Ganze überstanden ist.
  Nachher ist noch alles Mögliche passiert.

Ausnahmen existieren z. B. bei folgenden Wortkombinationen:
ein bisschen, ein wenig, ein paar (= einige), die beiden.
Trotz des Artikels wird immer kleingeschrieben!
Noch eine Besonderheit: Groß- oder Kleinschreibung ist erlaubt bei *h/Hunderte, t/Tausende, d/Dutzende,* da diese Zahlangaben nicht als Ziffern schreibbar sind:
Die Bluse wird in d/Dutzenden von Farben angeboten.
Hier kann man nicht schreiben: *Die Bluse wird in ~~12en~~ von Farben angeboten.*
Es waren t/Tausende (nicht *~~1000e~~) von Menschen betroffen.*
Schon wieder mussten h/Hunderte (nicht *~~100e~~) von Mitarbeitern entlassen werden.*

Sie können selbst entscheiden, ob Sie groß- oder kleinschreiben. Beides ist möglich – ein Sinnunterschied besteht nicht.

Tipp

Allgemeiner Tipp:
Die Thematik der Numeralien und Indefinitpronomen ist insgesamt nicht einfach.
Daher sollten Sie häufiger ein Wörterbuch befragen, bis Sie (mehr) Sicherheit erlangt haben.

Übung 5

Groß oder klein? Setzen Sie richtig ein!

1. der (ERSTE) ________________ Platz
2. als (ERSTER) ________________ fertig
3. der (ERSTE) ________________ im Monat
4. im (ERSTEN) ________________ Stock
5. die (ZWEITE) ________________ Stimme
6. aus (ZWEITER) ________________ Hand
7. der (ZWEITE) ________________ Weltkrieg
8. jeder (ZWEITE) ________________ spart
9. der (DRITTE) ________________ Mann
10. das (NÄCHSTE) ________________ Mal
11. dem (NÄCHSTEN) ________________ helfen
12. der (VORLETZTE) ________________ Läufer
13. der (LETZTE) ________________ des Monats
14. im (LETZTEN) ________________ Jahr

Übung 6

Groß oder klein? Setzen Sie richtig ein!

1. Bei dem Spiel kann man nicht nur (500.000) ________________, sondern (1.000.000) ________________ Euro gewinnen.
2. Wenn du eine (SECHS) ________________ würfelst, darfst du (DREI) ________________ Felder vorrücken.
3. Ob dir das (JEMAND) ________________ glauben wird?
4. So kommt (EINS) ________________ zum (ANDEREN) ________________.
5. Zur Uni fährst du am besten mit der (NEUN) ________________.
6. Kai wurde als (ERSTER) ________________ geprüft, die (ANDEREN) ________________ erst später.
7. Anna ist über (40) ________________ und studiert jetzt im (ERSTEN) ________________ Semester BWL.
8. Kein (EINZIGER) ________________ ist pünktlich, jetzt schlägt es doch gleich (DREIZEHN) ________________!
9. Morgen beginnt die Vorlesung um (NEUN) ________________.
10. Der Professor erklärt (VIEL) ________________, aber nicht (ALLES) ________________, ich verstehe leider nur (EINIGES) ________________.
11. Ich kaufe mir ein (PAAR) ________________ neue Sachen, auch ein neues (PAAR) ________________ Schuhe.
12. Der Laden hat (HUNDERTE) ________________ von Modellen auf Lager.
13. Viele Grüße von uns (BEIDEN) ________________.
14. Achte auf den Rhythmus, vor allem auf die (ACHTEL) ________________, und spiel ein (BISSCHEN) ________________ lauter.
15. Er hat (ALLES MÖGLICHE) ________________ ausprobiert, aber der Erfolg war gleich (NULL) ________________.
16. Nun stand er vor dem (NICHTS) ________________, obwohl er (NICHTS) ________________ falsch gemacht hatte.

1.6 Wochentage und Tageszeiten

Die Schreibung von Wochentagen und Tageszeiten ist deshalb nicht immer einfach, weil die Wörter sowohl als Nomen (Großschreibung) als auch als Adverbien (Kleinschreibung) existieren.

1.6.1 Wochentage

Regel

Werden Wochentage als Nomen gebraucht, schreibt man sie groß.

Montag, am Dienstag, diesen Mittwoch, letzten Donnerstag, nächsten Freitag, vorigen Samstag, der Sonntag

Regel

Werden Wochentage als Adverb gebraucht, schreibt man sie klein.

Zum Glück kann ich sonntags ausschlafen.
Die Bahnen sind freitags immer besonders voll.
Er geht dienstags zum Badminton.

Man erkennt den adverbialen Gebrauch an dem „s“ am Wortende. **Aber Vorsicht**, es könnte sich auch um einen Genitiv handeln – dies erkennen Sie am Artikel: *Eines Morgens stand er plötzlich vor ihrer Tür.*

1.6.2 Tageszeiten

Bei den Tageszeiten ist besondere Vorsicht geboten. Im Prinzip gelten aber wieder die üblichen Regeln.

Regel

Werden Wochentage als Nomen gebraucht, schreibt man sie groß.

der Morgen, am Vormittag, gegen Mittag, diesen Nachmittag, am Abend, in der Nacht

Regel

Werden Wochentage als Adverb gebraucht, schreibt man sie klein.

Er frühstückt morgens nie, sondern isst nur mittags in der Mensa und trinkt nachmittags Kaffee. Meist kommt er erst spätabends nach Hause und schläft nachts zu wenig.

Zudem gibt es auch **Kombinationsmöglichkeiten von Wochentagen mit Tageszeiten**. Hier wird **zusammen- und großgeschrieben**, es ergibt sich ein Kompositum (= ein zusammengesetztes Nomen).
Ihr Vorstellungsgespräch ist am Dienstagmorgen.
Er hat Mittwochnachmittag zwei Vorlesungen.
Am Montagabend gehen die beiden ins Kino.

Dieselben Kombinationen gibt es auch in **adverbialem Gebrauch**, hier wird ebenfalls **zusammen-, aber kleingeschrieben:**
Wenn sie montagabends weiß, dass sie dienstagmorgens sehr früh aufstehen muss, freut sie sich, mittwochnachmittags frei zu haben.

Tipp

>> Ein sehr guter Hinweis für Kleinschreibung bei Wochentagen und Tageszeiten ist das „s" am Wortende, z. B. *samstags* bzw. *morgens*.
Steht jedoch ein Artikel davor, handelt es sich immer um den Genitiv eines Nomens (*eines Samstags* bzw. *des Morgens*), dann gilt selbstverständlich Großschreibung.

1.6.3 Temporaladverbien

Temporaladverbien geben an, zu welchem Zeitpunkt oder in welchem Zeitraum etwas geschieht, geschehen ist oder geschehen soll.

Regel

Temporaladverbien schreibt man – wie alle Adverbien – immer klein.

Hiervon gibt es eine ganze Menge, z. B. *gestern, vorgestern, heute, morgen, übermorgen, jetzt, vorhin, letztens, damals, neulich, dann, schließlich, später.*

Probleme macht manchmal die Schreibung von „morgen", weil es mit dem Nomen verwechselbar ist.
Beachten Sie: Kleingeschrieben wird „morgen", wenn der folgende Tag gemeint ist!
Vielleicht kommt sie ***m****orgen vorbei.*
Aber: *Die Prüfung findet direkt am* ***M****orgen statt.*

Tipp

»

Machen Sie einen einfachen Test: Könnten Sie für „morgen" auch „übermorgen" einsetzen, schreibt man immer klein. Begründung: Bei „übermorgen" handelt es sich immer um ein Adverb (also Kleinschreibung).
Test: *Er kommt übermorgen vorbei.*
Also: *Er kommt* ***m****orgen vorbei.*

Temporaladverbien werden auch häufig **mit Tageszeiten kombiniert**, um den Zeitrahmen näher zu bestimmen. In diesen Fällen schreibt man das **Temporaladverb klein** und die **Tageszeit groß**.
Wenn er ***m****orgen* ***A****bend vorbeikommen will, soll er* ***h****eute* ***M****ittag Bescheid sagen.*

Übung 7

Groß oder klein? Tragen Sie die richtigen Buchstaben ein!

1. Ich habe ____orgens ebenso wenig Zeit wie ____ittags. Nur ____bends hab ich frei.
2. Der ____orgen ist die schönste Tageszeit.
3. Berufstätige arbeiten in der Regel von ____ontag bis ____reitag.
4. Er geht am ____bend immer schon früh ins Bett.
5. Wenn man von ____ontags bis ____reitags in der Uni gesessen hat, muss man am____amstagabend einfach etwas unternehmen.
6. Ich werde dich ____orgen ____rüh besuchen und nicht erst ____reitag____orgen.
7. Er fragte sie jeden ____orgen, ob sie mit ihm zu ____bend essen wolle.
8. Die Busse und Bahnen sind ____ontags früh so überfüllt wie immer ____rühmorgens.
9. Die Arbeitszeit der Bäcker geht von fünf Uhr ____orgens bis in den ____achmittag hinein.
10. Du wirst ____orgen ____bend erwartet, wie man dir ____estern ____ittag mitteilte.
11. Das Fest findet am ____achmittag des verkaufsoffenen ____amstags statt.
12. Besonders am ____reitag____achmittag und am ____amstag ____ormittag werden kilometerlange Staus erwartet.
13. Das gilt nicht erst seit ____estern.
14. Es ist von ____eute auf ____orgen verschoben worden.

1.7 Die Anrede

Je nachdem, wie Menschen zueinander stehen, siezen oder duzen sie sich. Die Schriftsprache markiert dies durch Groß- und Kleinschreibung.

Regel

Die formelle Anrede (die Höflichkeitsform, also das Siezen) schreibt man immer groß – ebenso die entsprechenden Possessivpronomen.

*Bitte legen **S**ie alle **I**hre Sachen auf das Band.*
*Vielen Dank für **I**hre schnelle Antwort und **I**hr Angebot.*
*Am Montag können **S**ie die von **I**hnen bestellte Ware abholen.*

Besonders wichtig ist dabei, dass Sie die formelle Anrede nicht mit den „normalen" Pronomen (*sie, ihr, ihnen, euer* etc.) verwechseln, die (aus stilistischen Gründen) die Objekte ersetzen. Achten Sie also genau darauf, ob es sich um eine formelle Anrede oder um ein pronominales Objekt handelt. Zur Verdeutlichung steht im folgenden Briefbeispiel das Objekt, das durch das Pronomen ersetzt ist, in eckigen Klammern dahinter.

Sehr geehrte Frau Dings,
*vielen Dank, dass **S**ie mich unterstützen. Am Freitag schicke ich **I**hnen meine Arbeit zu. Wenn **S**ie **s**ie [die Arbeit] gelesen haben, schicken **S**ie **s**ie [die Arbeit] bitte an die Adresse meiner Eltern. Ich habe **i**hnen [den Eltern] Bescheid gesagt, dass **s**ie [die Eltern] ein Päckchen von **I**hnen bekommen. Vielen Dank für **I**hre Mühe!*
Viele Grüße
***I**hre Sandra Müller*

Regel

Die informelle Anrede (also das Duzen) sowie die entsprechenden Possessivpronomen schreibt man klein.

*Hast **d**u **d**einen Bericht schon fertig?*
*Ich komme morgen bei **d**ir vorbei, rufe **d**ich aber vorher an.*
*Habt **i**hr **e**uch auch so über die Klausuraufgaben geärgert?*

Regel

In Mails und Briefen (im Besonderen bei Einladungen, Glückwünschen, Widmungen etc.) kann die informelle Anrede auch großgeschrieben werden.

In der alten Rechtschreibung wurden die Anrede und die dazugehörigen Possessivpronomen großgeschrieben, nun ist dies freigestellt. Die Großschreibung ist also weiterhin erlaubt, was jedoch zunehmend „aus der Mode" kommt. Dennoch können Sie frei entscheiden, welche Schreibung Ihnen besser gefällt.

Lieber Simon, ich wünsche ***d****ir/****D****ir alles Gute zum Geburtstag!*
Zu meiner Examensfeier lade ich ***e****uch/****E****uch herzlich ein!*
Danke für ***d****einen/****D****einen lieben Brief.*
Für immer ***d****eine/****D****eine Moni!*

Tipp

>> Schreiben Sie die informelle Anrede (also das Duzen) immer klein.
Dies ist stets richtig und Sie haben eine weitere Fehlerquelle vermieden.

Übung 8

Groß oder klein? Setzen Sie richtig ein!

Sehr geehrte Frau Köllner,

bitte bestätigen (SIE) ________ den von (UNS) ________ vorgeschlagenen Termin bis Ende der Woche, damit wir (IHN) ________ für (SIE) ________ reservieren können.
Falls (SIE) ________ verhindert sein sollten, schlagen (SIE) ________ bitte (IHRERSEITS) ________ einen anderen Termin vor.
Bitte denken (SIE) ________ auch daran, alle (IHRE) ________ Unterlagen mitzubringen, damit wir (SIE) ________ auf (IHRE) ________ Richtigkeit überprüfen können.

Sobald (IHRE) _________ Dokumente vorliegen und (SIE) _________ von (UNSERER) _________ Abteilung geprüft sind, werden wir (SIE) _________ schriftlich informieren, ob (IHR) _________ Antrag bewilligt wird.
Mit freundlichen Grüßen

1.8 Recht/recht, zu Recht/zurecht, Deutsch/deutsch

Bei der Groß- bzw. Kleinschreibung der Wörter Recht/recht, zu Recht/zurecht und der Schreibung von Sprachen werden sehr häufig Fehler gemacht. Deshalb hier Regeln und Tipps, wie Sie diese vermeiden können.

Anmerkung: Als Beispiel wird hier Deutsch/deutsch gewählt, selbstverständlich gilt die Art der Schreibung ebenso für alle anderen Sprachen.

1.8.1 „Recht" oder „recht"?

Die Schreibung von „Recht/recht" kann häufig Probleme bereiten, vor allem im Zusammenhang mit Verben ist die Rechtschreibung mitunter nicht einfach. Dies liegt u. a. daran, dass bei Recht/recht in einigen wenigen Fällen beide Schreibweisen möglich sind. In der Regel markiert die Groß- bzw. Kleinschreibung jedoch einen Bedeutungsunterschied.

Im Folgenden erfahren Sie, wie Sie diese Schwierigkeiten vermeiden sowie welche Tricks und Tipps Sie dabei anwenden können. Zunächst soll die Bedeutung der Wörter im Einzelnen geklärt werden, dann wird schon vieles klarer.

- **Recht (Nomen, also Großschreibung)** hat immer mit Gesetzen und festgelegten Normen, Berechtigungen und Ansprüchen zu tun. Das Wort Recht wird auch als Synonym für Jura/Rechtswissenschaft gebraucht:
  Jeder hat das Recht der freien Meinungsäußerung.
  Gegen geltendes Recht darf nicht verstoßen werden.
  Was Recht ist, muss Recht bleiben.
  Vor Gericht wird Recht angewendet und Recht gesprochen.
  Von Rechts wegen erheben wir Einspruch gegen den Bescheid.
  Er wusste, dass er im Recht war, deshalb hat er auf sein Recht gepocht.
  Einige Politiker haben zu Recht ihren Doktortitel verloren.

Mit Recht forderten die Verbände Aufrichtigkeit und Transparenz.
Nach dem Abitur wird Sonja Recht studieren.

- **recht (Adjektiv oder Adverb, also Kleinschreibung)** in der Bedeutung von „richtig" oder „ziemlich":
  Jetzt ist genau der rechte [= richtige] Moment.
  Du kommst mir gerade recht [= richtig]!
  Wenn ich mich recht [= richtig] erinnere, ...
  Das geschieht ihm ganz recht [= richtig].
  Die Klausur war recht [= ziemlich] einfach.
  Das hat doch recht [= ziemlich] gut funktioniert.

- **rechte/r/s (Adjektiv, also Kleinschreibung)** als Gegenteil von „linke/r/s":
  Auf der rechten Seite stehen die Ausgaben, auf der linken die Einnahmen.
  Bitte erheben Sie die rechte Hand!

- Daneben existiert noch das **Richtungsadverb „rechts"** im Gegensatz zu „links":
  Biegen Sie rechts in die Bonnstraße ein.

- Auch bei Verbindungen, die im **übertragenen Sinn** gebraucht werden, wird **kleingeschrieben**:
  Er ist zeitlebens die rechte Hand seines Chefs gewesen.
  Zeichnen Sie bitte einen rechten Winkel ein!
  Hier sehen Sie rechter Hand (= rechts) ein Gebäude aus dem 16. Jahrhundert.

Groß- oder Kleinschreibung existiert bei untenstehenden **Verbverbindungen** – dies allerdings mit Einschränkung(en):

- Recht/recht haben:
  In diesem Fall muss auf den Sinn geachtet werden:
  Er hat (das) ***R****echt, Widerspruch einzulegen.*
  Aber: *Ja, du hast völlig* ***r****echt, ich habe mich geirrt.*
  Wie ***r****echt du damit doch hast!*
  Bedeutung der beiden letzten Sätze: Das, was du sagst oder tust, ist richtig.

- Bei folgenden Verbverbindungen haben Sie die freie Wahl:
  Recht/recht behalten

Recht/recht bekommen
jemandem Recht/recht geben
er hat Recht/recht daran getan (veralteter Ausdruck)

Anmerkung: Der DUDEN empfiehlt in den genannten Fällen, bei denen Sie zwischen Groß- und Kleinschreibung wählen können, Kleinschreibung. Die deutschen Nachrichtenagenturen haben sich ebenfalls auf diese Schreibweise geeinigt. Dennoch können Sie selbst entscheiden!

Ich persönlich empfehle bei obengenannten Schreibvarianten ebenso vorzugehen, wie es die Regeln zu den Nomen und Adjektiven/Adverbien vorsehen – und dabei den **Sinn des Satzes zu beachten**. Wenn Sie so vorgehen, können Sie jedenfalls nichts falsch machen. Hier zwei Beispiele:
Er hat vor Gericht Recht bekommen, denn die Richterin gab ihm in allen Punkten Recht. (= Er hat das Gerichtsverfahren gewonnen.)
Er hat von seinen Kommilitonen recht bekommen, denn sie gaben ihm in der Diskussion am Ende recht. (= Seine Kommilitonen sagen, dass seine Auffassung richtig ist.)

Daher folgende Tipps zur Unterscheidung von „Recht“ und „recht“:

Tipp

>> Alles, was mit Recht und Gesetz zu tun hat, schreiben Sie groß.

Tipp

>> Ist die Bedeutung von „richtig“ gemeint, schreiben Sie klein.

1.8.2 „zu Recht“ oder „zurecht“?

In der alten Rechtschreibung schrieb man in beiden Fällen klein und zusammen, also „zurecht“ – diese Schreibweise finden Sie dementsprechend noch in älteren Veröffentlichungen. Durch die Reform ist das sinnvollerweise geändert worden, denn es handelt sich um eine vollkommen andere Bedeutung: „Zu Recht“ hat wieder mit Recht und Gesetz zu tun, man kann stattdessen auch „mit Recht“ schreiben:
Die Staatsanwaltschaft hat zu Recht / mit Recht ein Verfahren eingeleitet.
Der gedopte Sportler ist zu Recht / mit Recht disqualifiziert worden.

Tipp

>> Können Sie bei Recht „zu“ durch „mit“ ersetzen, schreiben Sie „zu Recht“.

Im Gegensatz dazu existiert **„zurecht“ nur in Zusammenschreibung mit einem Verb**, z. B.:
zurechtbiegen = in eine bestimmte Form biegen
zurechtlegen = in einer gewissen Anordnung hinlegen
zurechtweisen = zur Ordnung rufen, die Meinung sagen etc.
zurechtkommen = etwas bewältigen, mit etwas fertigwerden

Diese Verben sind sogenannte **trennbare Verben**, wir werden sie später bei der Getrennt- bzw. Zusammenschreibung noch näher kennenlernen (s. Kap. 2.3). Im Präsens wird diese Art von Verben getrennt geschrieben, im Perfekt werden die Verben aber wieder zusammengefügt, da sie im Infinitiv auch zusammengeschrieben werden. Diese Besonderheit ist mit ein Grund für die Verwirrung und Unsicherheit beim Schreiben.

Infinitiv	Präsens	Perfekt
zurechtbiegen	*Er biegt den Draht zurecht.*	*Er hat den Draht zurechtgebogen.*
zurechtlegen	*Ich lege mir die Sachen zurecht.*	*Ich habe mir die Sachen zurechtgelegt.*
zurechtweisen	*Der Chef weist den Mitarbeiter zurecht.*	*Der Chef hat den Mitarbeiter zurecht-gewiesen.*
zurecht-kommen	*Opa kommt noch gut allein zurecht.*	*Opa ist noch gut allein zurechtgekommen.*

Übung 9

Recht oder recht – zu Recht oder zurecht? Setzen Sie richtig ein!

1. Sie studiert bürgerliches ____________________.
2. Viele denken, das geschieht ihm ____________________.
3. Wir haben das ____________________, Schadenersatz zu fordern.
4. Habe ich Sie ____________________ verstanden, Sie glauben mir nicht?
5. Es war eindeutig, dass seine Forderungen ____________________ bestehen.
6. Ich mache mich noch schnell ____________________.

7. Er urteilte nach _______________ und Gewissen.
8. Jetzt erst _______________.
9. Er hat schon immer auf sein _______________ gepocht.
10. Wir sollten unsere Waren ins _______________ Licht setzen.
11. Tatsächlich hast du mit deiner Vermutung _______________ gehabt.
12. _______________ behauptet er, dass das zu kurz gedacht ist.
13. Man kann es ihm einfach nicht _______________ machen.
14. Bitte schneide das noch _______________.
15. Der Chef kommt jeden Tag, um nach dem _______________ zu sehen.
16. Von _______________ wegen gibt es keine Zweifel.
17. Du solltest doch hier _______________ abbiegen.
18. Toll, sie kommt mit 90 Jahren noch ohne Hilfe _______________!
19. Es ist einfach nicht möglich, es allen _______________ zu machen.
20. Sie ist immer zum _______________ Zeitpunkt am _______________ Ort.
21. Der Schüler ist _______________ vom Direktor _______________ gewiesen worden.

1.8.3 „Deutsch“ oder „deutsch“?

Die folgenden Erläuterungen gelten selbstverständlich für alle Sprachen.

Großschreibung gilt:

- **wenn die (deutsche) Sprache gemeint ist:**
  Ihr Deutsch ist fast perfekt. Verstehen Sie Deutsch?
- **wenn die Präposition „in“, „auf“ oder „zu“ davorsteht:**
  Das Buch ist in/auf Deutsch verfasst. Zu Deutsch bedeutet das ...
- **wenn das Fach Deutsch (immer ohne Artikel) gemeint ist:**
  Er unterrichtet Deutsch am Schiller-Gymnasium.

Kleinschreibung gilt:

- **wenn es sich um ein Adjektiv handelt:**
  Hier gelten deutsche Standards.
  Sind das schon deutsche Erdbeeren?
  Ausnahmen bilden feste Begriffe:
  Das Institut für Deutsche Sprache, die Deutsche Bahn AG

- **bei Verbverbindungen, sofern deutsch mit „wie" erfragt werden kann:**
  Das ist mal wieder typisch deutsch!
  Heute kochen wir nicht italienisch, sondern deutsch.
  Sprechen Sie gerade deutsch oder flämisch?
  Frage: „Wie sprechen Sie gerade?" Dies stellt aber den Sonderfall dar. Normalerweise wird in Verbindung mit Verben großgeschrieben, dann lautet die Frage: „Was (= welche Sprache) sprechen Sie?" Antwort: *„Ich spreche Deutsch."*
  Daneben gibt es noch die umgangssprachliche Wendung *mit jemandem deutsch sprechen* (= jemandem offen die Meinung sagen, jemanden scharf zurechtweisen), in diesem Fall schreibt man immer klein.

Tipp

>>

1. Steht ein *in, auf* oder *zu* vor „Deutsch", wird *immer* großgeschrieben.
2. Können Sie „Deutsch" mit „was" erfragen, schreibt man ebenfalls *immer* groß.
3. Können Sie „deutsch" mit „wie" erfragen, muss bei Adjektiven und darf bei Verbverbindungen kleingeschrieben werden.

Übung 10

Deutsch oder deutsch? Setzen Sie richtig ein!

Im Hotel saß ein ________________er, der sich mit einer Engländerin unterhielt. Leider konnte sie selbst nur gebrochen ________________ sprechen, aber sie verstand viel und wollte sich unbedingt auf ________________ unterhalten. Denn sie hatte vor, viel über ________________land zu erfahren, vor allem über die neuere Geschichte, z. B. über den Tag der ________________ Einheit. Sie interessierte sich aber auch für ________________ Recht.

Immer wieder forderte sie ihren Gesprächspartner, der ab und zu etwas auf Englisch erklärte, auf: „Bitte sagen Sie das auf ________________! Ich möchte unbedingt besser die ________________ Sprache lernen. Denn mein ________________ ist nicht gut genug."

Sie erzählte, dass sie überlege, ob sie über den ______________ Akademischen Austauschdienst ein Jahr nach ______________land kommen solle, denn nur so könne sie die ______________en und die ______________ Mentalität kennenlernen sowie ihr ______________ verbessern. Ihr Mann spreche sehr gut ______________, da er in Berlin studiert und promoviert habe. Seit einem Jahr habe er nun in England einen Lehrstuhl für ______________. Aber zuhause sprächen sie nie ______________ miteinander, daher fehle ihr die Übung. Einen Aufsatz in ______________ zu schreiben, fiele ihr dagegen nicht schwer.

1.9 Nomen in anderer Funktion

Sie erinnern sich an Kapitel 1.1: Nomen schreibt man groß. Aber auch Nomen können unter bestimmten Bedingungen kleingeschrieben werden! Dies gilt dann, wenn das Nomen in einer anderen grammatischen Funktion verwendet wird. Am häufigsten kommt dies beim **adverbialen Gebrauch** vor, den man bei Nomen an dem angehängten *-s* (z. B. *nachts*) erkennen kann. Hierbei aber gut aufpassen, denn es könnte sich auch um einen Genitiv handeln (z. B. *Eines Nachts hatte er die richtige Idee)*.

Zudem sind manche Nomen im Laufe der Zeit zu **Präpositionen** (z. B. *trotz*) geworden, dennoch existiert das Nomen *Trotz,* also auch hier auf die Funktion im Satz achten.

Daneben gibt es Nomen, die auch als **Prädikativ** (= Verbzusatz) verwendet werden können. In diesem Fall sind sie mit den Verben *sein, bleiben, werden* verbunden und das (vermeintliche) Nomen wird kleingeschrieben. Dies betrifft Wörter wie *angst, bange, klasse, leid, pleite, recht, schuld, spitze, unrecht.* Werden diese Wörter in nominaler Funktion gebraucht, schreibt man sie selbstverständlich groß: *Die Angst, die Schuld, das Unrecht* etc.

Klein schreibt man:

- **Nomen, die als Adverbien gebraucht werden:**
  Es war ***anfangs*** *nicht leicht für sie.*
  Der Wecker klingelt ***morgens*** *immer zu früh.*
  Das Haus liegt nicht im Zentrum, sondern etwas ***abseits***.

- **Nomen, die aus mehreren Wörtern zusammengesetzt sind und als Adverbien gebraucht werden:**
  Sie warteten **tagelang** *auf besseres Wetter.*
  Das verbilligte Ticket gilt **deutschlandweit**.
  Die Abstimmung hat **ordnungsgemäß** *stattgefunden.*

- **Präpositionen, die aus Nomen entstanden sind:**
  Ich gehe **trotz** *des Regens spazieren.*
  Er entscheidet **kraft** *seines Amtes.*
  Dies gilt **laut** *§ 136 BGB.*
  Sie gewannen das Spiel **dank** *seines Einsatzes.*
  Er sorgte **zeit** *seines Lebens für Gerechtigkeit.*

- **Nomen, die als Prädikative verwendet werden in Kombination mit den Verben *sein, bleiben, werden*:**
  Wir **sind** *pleite.* – Aber: *Wir machen Pleite.*
  Du **bleibst** *schuld daran.* – Aber: *Er hat Schuld daran.*
  Ihr **seid** *spitze.* – Aber: *Sie trägt gerne Spitze.*
  Mir **wird** *angst und bange.* – Aber: *Ich habe Angst.*

Übung 11

Groß oder klein? Setzen Sie ein!

1. ANFANGS: Es wehte hier ______________ ein recht kühler Wind.
2. PLEITE: Die Firma war schon lange ______________.
3. ZEIT: Er hat sich ______________ seines Lebens für andere eingesetzt.
4. BEISEITE: Der Student legte seine Bücher ______________.
5. LEID: Sein ______________ berührt mich sehr.
6. ZEITLEBENS: Unabhängigkeit war für sie ______________ wichtig.
7. SCHULD: Seine Ungenauigkeit war an dem Unglück ______________.
8. TROTZ: Er fuhr ______________ der Radarwarnung zu schnell.
9. LEID: Ich bin es jetzt wirklich ______________!
10. ABSEITS: Einige Spieler schaffen es einfach nicht, nicht im ______________ zu stehen.

11. ZEIT: In der zweiten Halbzeit hat die Mannschaft nur noch auf __________________ gespielt.
12. LAUT: Sie bekommt __________________ § 123 Schadenersatz zugesprochen.
13. TROTZ: Es ist wirklich nicht auszuhalten mit ihrem __________________.
14. ORDNUNGSGEMÄSS: Wir haben uns __________________ verhalten.
15. KRAFT: Der Bundespräsident hat __________________ seines Amtes entschieden.
16. DANK: Das Feuer wurde __________________ der Rettungskräfte schnell gelöscht.
17. PLEITE: Diese __________________ wird ihn teuer zu stehen kommen.
18. JAHRELANG: Sie wurde __________________ in einem Verlies gefangen gehalten.
19. ZEIT: Eine viel zu lange __________________ wartet er jetzt schon auf seinen Bescheid.
20. DANK: Den ehrenamtlichen Helfern gebührt hoher __________________ und Respekt.
21. ABSEITS: Es ist verboten, __________________ der Piste zu fahren.
22. KRAFT / ANFANGS: Wenn sie nicht ihre ganze __________________ zusammengenommen hätte, wäre sie __________________ nicht zurechtgekommen.
23. STANDESGEMÄSS: Der junge Prinz verhält sich nicht immer __________________.
24. STUNDENLANG: Wir mussten __________________ an der Kasse anstehen.
25. ZEIT: Zu arbeiten war für ihn __________________ seines Lebens selbstverständlich.

2. Getrennt- und Zusammenschreibung

Die Getrennt- und Zusammenschreibung ist das schwierigste Rechtschreibthema. Denn die deutsche Sprache bietet durch ihre enorme Variabilität viele Möglichkeiten, Wortkombinationen zu bilden: Manchmal ergibt eine solche Kombination *ein* Wort (= Zusammenschreibung). Daneben existieren aber auch Wortgruppen, bei denen die Wörter aufeinander bezogen, aber nicht verschmolzen sind (= Getrenntschreibung).

Regel

Bestandteile von Wortgruppen schreibt man getrennt, während man Wortzusammensetzungen zusammenschreibt.

Die Schwierigkeit besteht darin zu erkennen, ob es sich um eine Gruppe oder eine Zusammensetzung handelt. Dies betrifft alle Wortarten, die auch untereinander Verbindungen eingehen können. **Aus diesem Grund spielt zusätzlich auch die Groß- und Kleinschreibung bei der Wörterkombination eine wichtige Rolle.** Bei Unsicherheiten schauen Sie noch einmal in das entsprechende Kapitel. Die Kombination von Nomen ist dabei der einfachste Fall, während die Adjektiv- und Verbverbindungen mehr Schwierigkeiten bereiten können.

In einigen Fällen existiert eine **alternative Schreibweise**, wobei sich der Schreibende manchmal – aber nicht immer! – aussuchen kann, ob er die Getrennt- oder Zusammenschreibung wählen möchte. Diese Tatsache ist nicht unbedingt hilfreich, denn man muss genau wissen, wann man welche Schreibweise wählen darf und wann nicht.

Insgesamt gibt es weniger Wahlmöglichkeiten, als viele Schreibende denken – auch oder gerade, wenn man in ein Wörterbuch schaut, denn dort können nicht alle möglichen Kombinationen aufgeführt sein. Die unterschiedliche Schreibung zeigt häufig einen **Bedeutungsunterschied** an. Bei Verbverbindungen ist z. B. wichtig, ob das Wort im eigentlichen oder im übertragenen Sinn gemeint ist. Aus diesem Grund kann die falsche Schreibung zu missverständlichen Aussagen führen. Ein Beispiel schon an dieser Stelle:

Ich gehe morgen eine Stunde lang laufen. Ich gehe morgen eine Stunde langlaufen.

Beide Schreibweisen sind korrekt, haben aber eine andere Bedeutung!

Im weiteren Verlauf werden Sie nun die geltenden Regeln und die (evtl. erlaubten) Schreibalternativen im Einzelnen kennenlernen. Schon an dieser Stelle möchte ich anmerken, dass in diesem Kapitel ganz besonders der Satz gilt: **„Keine Regel ohne Ausnahme“** – nicht alle sogenannten Regeln sind logisch und gelten zu hundert Prozent, es handelt sich eher um **Regelmäßigkeiten**. Denn die Getrennt- und Zusammenschreibung unterliegt einem ständigen Veränderungsprozess, was aber nicht bedeutet, dass jeder schreiben kann, wie er will, sondern so schreiben sollte, wie es dem momentanen Standard entspricht. Die Aussage aus dem DUDEN von 1973 (17. Auflage) verdeutlicht diese Problematik:

„Bei der Zusammen- und Getrenntschreibung handelt es sich um einen ständigen Entwicklungsvorgang. Es ist deshalb nicht möglich, feste Richtlinien aufzustellen.“

An dieser Tatsache konnte später die Rechtschreibreform von 1996 und von 2006 – bei allem Engagement – nichts Grundlegendes ändern, sondern nur den aktuellen Stand abbilden und sich dabei möglichst um Einheitlichkeit bemühen.

Wir werden uns der Problematik Schritt für Schritt nähern, die Probleme aber nicht völlig beseitigen können. Viele Tipps werden Ihnen aber den Umgang mit diesem schwierigen Rechtschreibphänomen erleichtern. Da das Thema äußerst komplex ist, werden Sie jedoch auch zukünftig nicht ohne ein aktuelles Nachschlagewerk auskommen. Wichtig ist aber vor allem, dass Sie beim Schreiben genau darauf achten, was Sie eigentlich mit Ihrem Satz ausdrücken möchten – Sie werden sehen. Also tief durchatmen und los geht's!

2.1 Nomen und Nominalisierungen

Im Deutschen haben wir die Möglichkeit, nominale Komposita zu bilden, d. h. zwei oder gar mehrere Wörter zu einem Nomen zusammenzusetzen.

Regel

Mehrteilige Nomen/Nominalisierungen schreibt man immer zusammen und groß.

Abschlussarbeit, Buchtitel, Psychologenverbandstagung

Diese Regel gilt auch für **Wörter aus dem Englischen**, die dort getrennt geschrieben werden oder (wie das letzte Beispiel) dort gar nicht existieren:
Bluejeans, Mousepad, Minijob

> **Tipp**
>
> Schlagen Sie Wörter aus dem Englischen bei der geringsten Unsicherheit in einem deutschen (!) Wörterbuch nach, da es sehr viele verschiedenartige Schreibweisen gibt, die man sich in der Regel nicht alle merken kann.

Auch einige wenige **Eigennamen**, die von geografischen Gebieten abgeleitet sind, auf –er enden sowie **einen festen Begriff** bilden, werden zusammengeschrieben:
Römerbrief, Schweizergarde, Brennerautobahn
Ansonsten gilt bei diesen Begriffen **Getrenntschreibung** (s. Kap. 1.3):
Aachener Dom, Potsdamer Abkommen, Frankfurter Würstchen

2.2 Adjektive

Adjektive können mit vielen anderen Wortarten Zusammensetzungen bilden, die man – wie das Wort besagt – zusammenschreibt. In einigen Fällen ist aber auch Getrennt- *oder* Zusammenschreibung erlaubt. Zusätzlich ist dabei auf die Groß- und Kleinschreibung zu achten, hierzu noch ein Tipp:

> **Tipp**
>
> Handelt es sich bei dem letzten Kombinationsbestandteil um ein Adjektiv, wird kleingeschrieben – auch wenn der erste Wortbestandteil einer anderen Wortart angehört (s. Kap. 1.3).

Zusammenschreibung gilt für:

- **Nomen + Adjektiv:**
  *Deutschland + weit = **d**eutschlandweit*
  *Leben + lustig = **l**eben**s**lustig*
  *Sonne + arm = **s**onne**n**arm*

Die Fugenelemente („s“ bzw. „n“) weisen immer auf Zusammenschreibung hin.

- **Verbstamm + Adjektiv:**
  koch + echt = kochecht
  lauf + faul = lauffaul
  *werb + wirksam = werb**e**wirksam*

Das Fugenelement „e“ weist immer auf Zusammenschreibung hin.

- **Adjektiv + Adjektiv als eigenständiger Begriff:**
  nass + kalt = nasskalt
  süß + sauer = süßsauer
  taub + stumm = taubstumm

- **Adverb + Adjektiv:**
  rechts + bündig = rechtsbündig
  anders + gläubig = andersgläubig
  unter + gärig = untergärig

- **Nicht selbständig existierendes Wort** (siehe Markierung) **+ Adjektiv:**
  *blau + **äugig** = blauäugig*
  ***miss** + verständlich = missverständlich*
  *viel + **deutig** = vieldeutig*

- **Partizipien als Adjektiv:**
  Partizipien, die als Adjektiv gebraucht werden, schreibt man ebenfalls zusammen. Da einige adjektivisch gebrauchte Partizipien aber auch getrennt geschrieben werden dürfen – Erklärung folgt weiter unten –, achten Sie darauf, wie das Verb im Infinitiv geschrieben wird:
  irreführende Verordnungen (Verb: *irreführen)*
  bloßgestellter Schüler (Verb: *bloßstellen)*
  dazugegebenes Mehl (Verb: *dazugeben)*
  wiedergebrachte Bücher (Verb: *wiederbringen)*
  schwarzgebrannte CD (Verb: *schwarzbrennen)*
  hochgeladene Dateien (Verb: *hochladen)*

Es handelt sich bei obengenannten Beispielen um sogenannte **trennbare Verben** – daher die häufigen Unsicherheiten. Diese Verbart und die sich daraus ergebenden Schwierigkeiten werden Sie in Kapitel 2.3 kennenlernen.

Tipp

>> Man schreibt ein als Adjektiv verwendetes Partizip immer dann zusammen, wenn das zugrundeliegende Verb auch zusammengeschrieben wird. Also im Umkehrschluss prüfen, ob das Verb im Infinitiv zusammengeschrieben existiert.

- **Partizipien mit anderer Wortart kombiniert:**
  Auch Partizipien können mit anderen Wortarten verschmelzen und als Adjektiv verwendet werden, es gelten die gleichen Bedingungen wie für alle anderen Adjektivverbindungen:
  Nomen: *wärmeisolierendes Material*
  Verbstamm: *lerngesteuerte Maschine*
  Adverb: *rechtsdrehende Milchsäure*

Zusammen- *oder* Getrenntschreibung gilt für:

- **Kombinationen von zwei Adjektiven, wenn das erste Adjektiv (ohne Adjektivendung) eine graduelle Bestimmung des zweiten Adjektivs darstellt:**

Getrenntschreibung möglich	Zusammenschreibung möglich
leicht verdauliches Obst	*leichtverdauliches Obst*
eng verwandte Personen	*engverwandte Personen*
schwer entzündbares Holz	*schwerentzündbares Holz*
halb voll	*halbvoll*

- **Wortgruppen, deren zugrundeliegende Verbverbindung getrennt geschrieben wird:**

Verbverbindung	Getrenntschreibung möglich	Zusammenschreibung möglich
Rat suchen	*Rat suchende Eltern*	*ratsuchende Eltern*
Blutdruck senken	*Blutdruck senkende Mittel*	*blutdrucksenkende Mittel*
Unruhe stiften	*Unruhe stiftende Ultras*	*unruhestiftende Ultras*

Verbverbindung	Getrenntschreibung möglich	Zusammenschreibung möglich
allein erziehen	*allein erziehende Väter*	*alleinerziehende Väter*
oben erwähnen	*die oben erwähnte Regel*	*die obenerwähnte Regel*
frisch backen	*frisch gebackenes Brot*	*frischgebackenes Brot*

Hier sind also **beide Varianten gleichermaßen erlaubt**, es existiert kein Bedeutungsunterschied. Das ist allerdings nicht immer so:

Partizipverbindungen, die **im übertragenen Sinn** gebraucht werden, **müssen immer zusammengeschrieben werden**: *das frischverliebte Paar, der scharfgemachte Bullterrier, die frischgebackenen Eltern*

Sie sehen, zwischen *frischgebackenen Eltern* und *frischgebackenen Brötchen* ist zwar ein entscheidender Unterschied, Zusammenschreibung ist aber in beiden Fällen richtig. Während bei den *frischgebackenen Eltern* die Zusammenschreibung Pflicht ist, können Sie bei den Brötchen wählen.

Tipp

>> Schreiben Sie die obengenannten Fügungen zusammen. Damit sind Sie immer richtig!

Regel

Nur Getrenntschreibung gilt, wenn der erste Bestandteil der Fügung gesteigert wird:

leichter verdauliches Obst
enger verwandte Personen
schwerer entzündbares Holz

Tipp

>> Wenn Sie sich bei diesen Wortverbindungen unsicher sind, schauen Sie in ein Wörterbuch: Finden Sie es dort *nicht* (zusammengeschrieben), schreibt man es getrennt. Klingt banal, ist aber wirksam!

Übung 12

Zu Nomen/Nominalisierung und Adjektiven:
Getrennt oder zusammen, groß oder klein? Setzen Sie richtig ein!

1. LEBENSLANGES: Heute wird von jedem ____________________ Lernen erwartet.
2. BLAUGRAUE / EISIGE: Der ____________________ Himmel lag wie eine ____________________ Glocke über der Stadt.
3. EISESSEN: Ich lade dich zum ____________________ ein.
4. KAFFEETRINKEN: Oder möchtest du lieber einen ____________________?
5. HÖCHSTERFREULICHE / FEUCHTFRÖHLICH: Das ____________________ Prüfungsergebnis wurde ____________________ gefeiert.
6. SCHÖNBLAU / STOCKBESOFFEN: Die meisten waren nachher ganz ____________________, einge sogar ____________________.
7. FREMDENFEINDLICHEN / RECHTSWIDRIGEN: Seine ____________________ Aussagen hatten ____________________ Charakter.
8. UNRUHESTIFTENDEN: Das Großaufgebot der Polizei galt den ____________________ Demonstranten.
9. VIDEOÜBERWACHTE: Immer häufiger werden ____________________ Plätze gefordert.
10. INNENPOLITISCHE / EUROPAWEIT: Der ____________________ Sprecher betonte, dass die neue Regelung ____________________ gelte.
11. EINLAUFEN / TROCKNERBESTÄNDIG: Um das ____________________ von Textilien zu verhindern, sollte man prüfen, ob sie auch ____________________ sind.
12. DUMMDREISTE / BEWUNDERNSWERTKLUG: Seine ____________________ Art kann einen ärgerlich machen, einige seiner Bemerkungen sind aber ____________________.

13. SKIFAHREN / MOTORRADFAHREN: Im Winter fahre ich zum __________ in die Dolomiten, im Sommer werde ich dort __________.
14. SOMMERLICHWARM / BITTERKALT: Obwohl es __________ war, wurde es nachts __________.
15. HERBSTLICHBUNTE: Ein Traum war der __________ Blätterwald.
16. NAGELNEUES / MOUNTAINBIKE: Ihr wurde ihr __________ __________ gestohlen.
17. ENGVERWANDT: Weißt du, ob die beiden __________ sind?
18. NICHTBERUFSTÄTIGE / ALLEINERZIEHENDE: Für __________ sowie __________ Mütter und Väter gelten andere Regelungen.
19. HÖCHSTSELTENEN: Schwer haben es Menschen mit __________ Krankheiten.
20. SELBSTGEBACKENEN: Seine __________ Plätzchen sind der Knaller.
21. KALTGESTELLTE: Der __________ Mitarbeiter ging zum Betriebsrat.
22. RÖMERTOPF: Hast du schon mal mit einem __________ gekocht?
23. AACHENERDOM: Im __________ ist eine Ausstellung über Karl den Großen.
24. GESTOCHENSCHARFE: Die neue Kamera liefert __________ Bilder.
25. RESILIENZFÖRDERNDE: Bisher gab es für Kinder zu wenige __________ Maßnahmen.
26. SELBSTVERSTÄNDNIS: Platon und das __________ der Philosophie.

2.3 Verben

Die Verben bereiten bei der Getrennt- und Zusammenschreibung grundsätzlich die größten Probleme – ein kompliziertes Thema. Obwohl man durchaus den Eindruck gewinnen kann, dass es mehr Ausnahmen als Regeln gibt, existieren doch einige **wichtige Regeln bzw. Regelmäßigkeiten**, die man sich einprägen sollte, um es sich beim Schreiben einfacher zu machen. Also lassen Sie sich nicht entmutigen!

Das Wichtigste vorweg: Eine wesentliche Rolle spielt, ob die Verben **im tatsächlichen Sinn oder im übertragenen Sinn** verwendet werden (sollen) – der Unterschied wird in den meisten Fällen durch die unterschiedliche Schreibung markiert:

Beispiel: *groß schreiben* (= in großer Handschrift bzw. mit großem Schrifttyp schreiben) vs. *großschreiben* (= mit großem Anfangsbuchstaben schreiben; zusätzlich existiert bei Zusammenschreibung die Bedeutung: *großen Wert auf etwas legen*)

Zudem gibt es Verben, die **mehrdeutig** sind, aber im Infinitiv exakt gleich geschrieben werden.

Beispiel: *die Demonstranten umstellen* vs. *die Möbel umstellen*

Aber diese Verben bedeuten zum einen etwas anderes und werden zum anderen unterschiedlich konjugiert (= gebeugt): Der Unterschied zeigt sich hier:

Die Polizisten <u>umstellen</u> die Demonstranten.
Sie <u>stellt</u> monatlich ihre Möbel <u>um</u>.

Das Deutsche weist nämlich mal wieder eine Besonderheit auf – es existieren **zwei verschiedene Verbarten**: die (normalen) untrennbaren Verben und die trennbaren Verben. Ein Muttersprachler kennt diesen terminologischen Unterschied meist nicht, weil er die verschiedenen Verbarten beim Sprechen automatisch richtig benutzt, nur beim Schreiben kann sich dies mitunter als schwierig erweisen, vor allem beim **Partizip** und beim **Infinitiv mit zu.**

Beispiel: *Die Polizisten bekamen die Anweisung, die Demonstranten <u>zu umstellen</u>.*
Ihr macht es Spaß, ihre Möbel monatlich <u>umzustellen</u>. [Nicht: ~~*um zu stellen*~~]

Im ersten Fall handelt es sich um ein untrennbares und im zweiten Fall um ein trennbares Verb. Zur Erklärung folgt hier gleich ein kleiner **Exkurs zu trennbaren Verben (S. 60)**.

Außerdem existieren **Verben, bei denen der erste Wortteil nicht mehr selbständig vorkommt**, es handelt sich dabei übrigens immer um trennbare Verben. Das bedeutet, man schreibt sie nur im Infinitiv, Partizip und beim Infinitiv mit *zu* zusammen:

Beispiel: *einhergehen: Die Kopfschmerzen sind mit Schwindel einhergegangen. zurechtbiegen: Ist es möglich, die Zeltstange wieder zurechtzubiegen?*

Es geht aber auch mal einfach: **Alle Verbindungen mit dem Verb „sein" schreibt man immer getrennt** (das war übrigens früher nicht immer so):

Beispiele: *bekannt sein / da sein / weg sein*

Bedauerlicherweise ist dies **die einzige Regel zu den Verben, die generell gilt**. Aber bitte beachten Sie auch hier: Nominalisierungen schreibt man zusammen und – wie immer – selbstverständlich groß:

das Bekanntsein / das Dasein / das Wegsein

Im weiteren Verlauf dieses Kapitels werden wir uns also mehr mit **Regelmäßigkeiten** als mit Regeln beschäftigen. Im DUDEN finden sich bei diesem Thema in jeder sogenannten Regel Wörter wie „kann/können", „meist", „gelegentlich", „in der Regel", „häufig", „in den meisten Fällen" etc. – aus dem einzigen Grund, weil es keine immer geltenden Regeln für alle Fälle gibt. Hier zeigt sich wieder einmal, dass Sprache nicht immer logisch fassbar ist. Dennoch kann man (heutzutage) nicht schreiben, wie man will – das muss noch einmal deutlich betont werden!

Daher möchte ich Ihnen nun einige **Fingerzeige** geben, die Sie in die Lage versetzen, nach und nach ein Gefühl dafür zu bekommen, wann es sich um zusammengesetzte Verben handelt, die man zusammenschreibt, und wann nicht. In diesem Kapitel finden Sie nun viele **Tipps, Kniffe und Eselsbrücken** dazu. Zudem sollen Ihnen die folgenden Listen zu Verben und Verbformen die Zuordnung und dementsprechend die Schreibung erleichtern.

Regel

Zusammenschreibung gilt grundsätzlich für untrennbare, trennbare und idiomatisierte Verben.

- **untrennbare Verben**
  Bei untrennbaren Verben sind die zusammengesetzten Wortteile fest miteinander verbunden, z. B. bei:
  bruchrechnen / durchqueren / fachsimpeln / handhaben / hintergehen / liebkosen / maßregeln / missglücken / misstrauen / ohrfeigen / schlafwandeln / schlussfolgern / übernehmen / vollbringen / wahrsagen / widersprechen / wiederholen

- **trennbare Verben**
  Bei dieser Art von Verben werden die meisten Fehler gemacht. Dies hat vor allem zwei Gründe:
  Erstens: Die erste Rechtschreibreform (gültig von 1996-2006) hatte hier vieles anders geregelt, die allgemeine Tendenz ging zur Getrenntschreibung (z. B. *aufeinander folgen*, *gut gehen* (auch im Sinne von gesund sein), *Kopf stehen* (auch wenn nicht Yoga gemeint war), *übel nehmen* etc.). Viele, die dieses Buch lesen, werden das genau so in der Schule gelernt haben. **Das ist nun (wieder) falsch!**
  Zweitens: Diese Klasse von Verben wird nur in einigen (Zeit-)Formen getrennt geschrieben, daher der Name „trennbares Verb", den ein Muttersprachler normalerweise gar nicht kennt. Er ist in der Regel (neben den Linguisten) nur jemandem bekannt, der systematisch Deutsch als Fremdsprache lernt oder gelernt hat. Den Terminus zu kennen, ist aber auch für einen Muttersprachler wertvoll: Diese Art von Verben verführt einen nämlich dazu, im Partizip und beim Infinitiv mit „zu" (ebenso wie im Präsens und Präteritum) getrennt zu schreiben.

Aus diesem Grund hier ein kleiner Exkurs zur Schreibung trennbarer Verben:

Was ist ein trennbares Verb?

Ein trennbares Verb sieht auf den ersten Blick genau so aus wie alle anderen Verben, denn es wird im Infinitiv zusammengeschrieben.
Ein trennbares Verb hat folgende Merkmale:

1. Im Präsens und Präteritum wird der erste Wortteil abgetrennt und nach hinten verschoben: *Ich mach(t)e den PC aus.*
2. In den restlichen Verbformen wird jedoch wieder zusammengeschrieben:
   a) Beim Partizip wird das „ge" in die Mitte gesetzt: *Ich habe den PC ausgemacht.*
   b) Das „zu" beim Infinitiv mit *zu* wird integriert: *Den PC häufiger auszumachen, spart Strom.*
3. Steht ein trennbares Verb am Satzende, wird ebenfalls zusammengeschrieben: *Du solltest doch den PC ausmachen.*

Der klassische Fall betrifft die **Verben mit Präfix** (= Vorsilbe):
ab- / an- / auf- / aus- / bei- / ein- / los- / mit- / nach- / her- / hin- / vor- / weg- / zu- / zurück-

Darüber hinaus gibt es viele **trennbare Verben**, die **mit Adverbien, Partikeln oder (ehemaligen) Nomen verbunden** sind, beispielsweise:
abwärtsfließen / aufeinanderlegen / bloßstellen / darlegen / durchbrechen / einhergehen / fehlschlagen / feststehen / heimkehren / herbeisehnen / hinzukommen / hochrechnen / kopfstehen / leidtun / nebeneinandersitzen / preisgeben / querlesen / stattfinden / teilnehmen / umherlaufen / unterstellen / übereinkommen / übersetzen / wiedererobern / zumachen / zurechtkommen / zusammentragen

Tipp

>> Wird ein Verb im Infinitiv zusammengeschrieben, schreibt man es auch im Partizip und beim Infinitiv mit „zu" immer zusammen. Wenn Sie unsicher sind, wie ein Verb im Infinitiv geschrieben wird, hilft nur ein Blick in ein Wörterbuch: Finden Sie das Wort nicht zusammengeschrieben, schreibt man es eben getrennt.
So finden Sie z. B. *aneinanderkleben* (→ *aneinandergeklebt*), aber nicht ~~*aneinanderdenken*~~, also *aneinander denken* (→ *aneinander gedacht*).

Ein weiterer häufig gemachter Fehler, der mit der Problematik der ersten Reform der Rechtschreibung (1996-2006) tun hat, ist die **falsche Großschreibung bei trennbaren Verben, richtig ist Kleinschreibung:**
*Es tut mir **l**eid. Die Firma stand **k**opf. Sie gibt ihr Geheimnis **p**reis.*

Hier wird kleingeschrieben, denn es handelt sich um einen Teil der trennbaren Verben *leidtun, kopfstehen, preisgeben*. **Bitte unbedingt beachten!**

Neben den eindeutig entweder untrennbaren oder trennbaren Verben existieren aber auch **Verben, die in beiden Kategorien** vorkommen und eine jeweils andere Bedeutung haben, z. B. *durchbrechen, übersetzen, überziehen, umfahren, umgehen, unterstellen* etc.

Tipp

Zur Unterscheidung dieser Art von Verben achten Sie auf die **Betonung** (im Folgenden unterstrichen) – am besten lesen Sie laut. Wird der **erste Teil betont** gesprochen, handelt es sich um ein **trennbares Verb.**
Beispiele:
Das Schild umfahren. Das Schild umfahren.
Mit der Fähre übersetzen. Den Text übersetzen.
Einen Pullover überziehen. Das Konto überziehen.

Zu wissen, um welche Art von Verb es sich handelt, ist vor allem für die Infinitivbildung mit „zu" wichtig: Schreibt man alles in einem Wort oder kommt das „zu" getrennt vor den Infinitiv?
Er hat vor, die Schallmauer zu durchbrechen. Sie beabsichtigt, den Schokoriegel durchzubrechen (nicht: ~~*durch zu brechen*~~).

- **Idiomatisierte Verben**
  Viele Verben im Deutschen werden nicht nur in konkreter Bedeutung, sondern auch im übertragenen Sinn verwendet. Diesen Bedeutungsunterschied markiert in der Regel die Getrennt- bzw. Zusammenschreibung.

Regel

Wenn sich der Sinn der Verbindung nicht aus den einzelnen Bestandteilen ergibt, sondern eine neue Gesamtbedeutung (Idiomatisierung) entsteht, schreibt man zusammen.

Faustregel

In konkreter Bedeutung schreibt man getrennt.

Faustregel (und nicht Regel) deshalb, weil man einige Verben auch in konkreter Bedeutung zusammenschreiben *darf* – oft hat man hier die Wahl, aber nicht immer –, was die Sache natürlich nicht vereinfacht. In der untenstehenden Liste werden Sie anhand einiger Beispiele sehen, was damit gemeint ist.

Grundsätzlich ist es äußerst wichtig, **auf den Wortsinn zu achten**. Sie müssen sich also überlegen, ob Sie das betreffende Verb im tatsächlichen oder im übertragenen Sinn verwenden möchten. Das kann kein Wörterbuch für Sie entscheiden – übrigens auch kein Korrekturprogramm!

Noch einmal: **Verben, die im übertragenen Sinn (also idiomatisiert) gemeint sind, werden immer zusammengeschrieben.** Aber bitte nicht den Umkehrschluss bilden, denn nicht jedes zusammengeschriebene Verb wird im übertragenen Sinn gebraucht. Eine Idiomatisierung liegt dann vor, wenn die Gesamtbedeutung *deutlich* von der tatsächlichen Bedeutung der einzelnen Wortbestandteile abweicht.

Jetzt sind Sie verwirrt? Kein Wunder. Um Ihnen zu verdeutlichen, worin genau der Unterschied besteht, folgt nun eine Beispielliste, die mit Sicherheit mehr Licht ins Dunkel bringt:

Übertragene Bedeutung	**Konkrete Bedeutung**
Wir sollten uns morgen nochmal kurzschließen.	*Kannst du die Tür mal kurz schließen?*
Niemandem soll es hier schlechtgehen.	*Nach dem Sturz konnte er schlecht gehen.*
Die Entscheidung wird ihr nicht leichtfallen.	*Auf dem nassen Boden kann man leicht fallen.*
Dieses Ekel sollte man kaltstellen.	*Den Pudding musst du noch kalt stellen. [Zusammenschreibung ist auch möglich.]*
Im Verhör haben sie ihn schließlich weichgekocht.	*Die Nudeln waren noch nicht weich gekocht. [Zusammenschreibung ist auch möglich.]*
Er will seine Hunde scharfmachen.	*Soll ich das Messer scharf machen? [Zusammenschreibung ist auch möglich.]*
Du bist der Lösung nahegekommen.	*Der Bus ist dem Abhang nahe gekommen. [Zusammenschreibung ist auch möglich.]*
Streng dich mehr an, sonst wirst du sitzenbleiben.	*Am liebsten möchte ich hier auf dem Sofa sitzen bleiben.*
Hast du das Missverständnis richtiggestellt?	*Ich möchte erst die Möbel richtig stellen.*
Zurzeit hat er sein Geld lockersitzen.	*Das Kleid sollte locker sitzen.*
Der Richter musste ihn freisprechen.	*Er hat Angst, wenn er vor einer Gruppe frei sprechen muss.*
Wir werden Ihnen den Betrag gutschreiben.	*Antje kann im ersten Schuljahr schon gut schreiben.*
Kann die Kröte die Fußballergebnisse vorhersagen?	*Du solltest doch vorher sagen, wann du kommst.*
Als die Polizei kam, hat sie sich dünngemacht.	*Damit noch jemand Platz hat, hat sie sich dünn gemacht.*

Die Kollegen haben ihn schlechtgemacht.	*Der Film ist gut gemeint, aber schlecht gemacht.*
Hoffentlich wird das alte Auto nicht liegenbleiben.	*Du musst morgen im Bett liegen bleiben.*
Weißt du, ob das Ergebnis feststeht?	*Bist du sicher, dass die Wand fest steht?*
Guter Service wird auf Ämtern oft noch kleingeschrieben.	*Er hat wieder so klein geschrieben, dass man es kaum lesen kann.*
Wenn du das glaubst, bist du aber schiefgewickelt.	*Das Kabel ist total schief gewickelt.*
Du solltest die Zukunft nicht immer schwarzmalen.	*Die Stirnwand will er schwarz malen.*
Er hat genügend Material zusammengetragen.	*Wir haben die Baumstämme zusammen getragen.*
Wir haben die Wortteile zusammengeschrieben.	*Wir haben die Wörter zusammen geschrieben.*

Zu den letzten Beispielen nun noch zwei Tipps:

>> **Tipp**

Zusammengeschrieben werden alle **Verbverbindungen mit *schwarz-***, wenn es sich um etwas **Verbotenes** handelt, die Verben sind also im übertragenen Sinn gebraucht, denn das konkrete Ergebnis ist keine schwarze Farbe.
schwarzarbeiten / -ärgern / -brennen / -fahren / -kopieren

Es gibt sehr viele Verben, die mit *zusammen-* kombiniert werden. Um zu unterscheiden, ob Getrennt- oder Zusammenschreibung richtig ist, gibt es einen einfachen Test:

>> **Tipp**

Kann man für *zusammen* das Wort *gemeinsam* einsetzen, wird getrennt geschrieben.

Dies kann sehr wichtig werden, damit Ihr Satz richtig verstanden wird. Denn *wir sind zusammengekommen* meint etwas anderes als *wir sind zusammen gekommen* – der zweite Satz ist zusätzlich noch doppeldeutig.

Daneben gibt es sehr **viele Verbverbindungen, die nur im übertragenen Sinn** gebraucht werden, hier eine kleine Auswahl:
(jemandem etwas) abknöpfen / (etwas) ausbaden / blaumachen / bloßstellen / (sich) breitmachen / (jemanden) breitschlagen / dichthalten / (jemanden) freihalten / fremdgehen / glattgehen / hochrechnen / kaltlassen / klarkommen / krankschreiben / kürzertreten / (sich) langmachen / (etwas) satthaben / (sich) totlachen

Regel

Getrenntschreibung gilt grundsätzlich in folgenden vier Fällen:

- **Verbindungen mit „sein" werden immer getrennt geschrieben** (selbstverständlich auch in konjugierter Form).
  Sie wird da sein. Er war außerstande zu sprechen. Wir müssen zufrieden sein. Um dabei zu sein, musst du dich anmelden. Sollte es wirklich aus sein?

- **Verbindungen von Verb + Verb im Infinitiv werden immer getrennt geschrieben.**
  arbeiten kommen: Er kommt arbeiten.
  bestehen bleiben: Es bleibt bestehen.
  einkaufen fahren: Ich fahre einkaufen.
  essen gehen: Möchtest du essen gehen?
  fahren müssen: Sie muss fahren.
  schreiben üben: Wir üben schreiben.
  spazieren gehen: Sollen wir spazieren gehen?
  sitzen bleiben (im Sinn von *nicht aufstehen*)*: Hier möchte ich sitzen bleiben.*

- **Verbindungen, bei denen der erste Teil ein Partizip ist, werden getrennt geschrieben.**
  begriffen haben / beruhigt schlafen / gekonnt balancieren / geliehen bekommen / geschrieben stehen / verlobt bleiben / verloren haben / gefangen nehmen (Ausnahme im übertragenen Sinn: *Ihr Charme wird ihn gefangennehmen.*)

- **Verbindungen, bei denen der erste Teil ein (normales, also kein verblasstes) Nomen ist, werden immer getrennt geschrieben.**
  Diese Regel gilt zu hundert Prozent, allerdings besteht manchmal die Schwierigkeit zu entscheiden, ob es sich nicht vielleicht um ein verblasstes Nomen handelt, Beispiel: *eislaufen* (zusammen), aber *Schlittschuh*

laufen (getrennt) – hier kann nur ein Wörterbuch weiterhelfen. Allerdings sind nur sehr wenige Verben von diesen verblassten Formen betroffen. Normalerweise gilt:
Brot backen / Hockey spielen / Probe fahren / Schlange stehen / Tango tanzen / Trompete spielen / Auto fahren / Rad fahren
Lange Zeit tat man sich mit der Schreibung von „Rad fahren" schwer, obwohl es völlig egal ist, ob ich ein Rad, einen Roller oder ein Auto zur Fortbewegung benutze. Man schreibt das Fortbewegungsmittel immer getrennt vom Verb! Nur bei einer Nominalisierung (*Das Radfahren macht mir Spaß.)* schreibt man stets zusammen (und groß).

Zweifelsfälle: Getrennt oder zusammen?

Es gibt Verbverbindungen, die sowohl getrennt als auch zusammengeschrieben werden. Die Schreibung markiert eine **unterschiedliche Bedeutung**, die allerdings nichts mit dem übertragenen Sinn zu tun hat, sondern damit, dass es sich einmal um eine festgefügte Verbverbindung handelt und einmal um ein Verb mit Präposition (*bei / zu / von*) in Kombination mit einem hinweisenden Wort *(da*).

dabeisitzen oder *dabei sitzen:*
Darf ich heute mal dabeisitzen (im Sinn von *anwesend sein)?*
Darf ich dabei sitzen (oder muss ich die ganze Zeit stehen)?

davonkommen oder *davon kommen:*
*Diesmal ist er noch einmal davongekommen (*im Sinn von *entkommen).*
Das ist davon gekommen, dass ich unkonzentriert war.

dazukommen oder *dazu kommen*
Es sind noch viele Leute dazugekommen (im Sinn von *hinzukommen).*
Einen Moment Geduld bitte, ich werde später dazu (im Sinn von *zu diesem Thema*) *kommen.*

Vielleicht haben Sie beim Lesen bemerkt, dass man die Wörter anders betont, dies hilft beim Schreiben.

Tipp

>> Wird bei Verbverbindungen mit <u>da</u>bei / <u>da</u>von / <u>da</u>zu das „da" betont gesprochen, schreibt man getrennt, sonst zusammen.

Ein ähnlicher Fall besteht bei **„wieder“:** Es existiert die Getrennt-, aber auch die Zusammenschreibung, allerdings **in jeweils anderer Bedeutung**, auch hier hilft die Betonungsmethode:

Getrenntschreibung in der Bedeutung von „noch einmal/nochmals/erneut“:

Sie wird wieder heiraten. Er wird es bestimmt wieder tun. Das Geschäft ist wieder eröffnet worden.

Zusammenschreibung im Sinn von „zurück“:

Sie will ihre Freiheit wiedererlangen. (= *zurückerlangen*)
Ich möchte meine Würde wiederbekommen. (= *zurückbekommen*)
Kannst du das Buch bald wiederbringen? (= *zurückbringen*)

Merken Sie sich diese zwei **Eselsbrücken**, die zu 99 Prozent funktionieren:

Tipp

>> Lässt sich *wieder* durch ***zurück*** ersetzen, schreibt man **zu**sammen.

Tipp

>> Lässt sich *wieder* durch ***erneut*** ersetzen, beginnt man nach *wieder* ein **neu**es Wort.

Übung 13

Getrennt oder zusammen? Setzen Sie richtig ein!
Achten Sie im jeweiligen Satz auf die passende (Zeit-)Form, denn die Verben sind im Infinitiv angegeben und zusammengeschrieben, was natürlich nicht immer richtig ist.

1. RADFAHREN: Morgen werde ich wieder lange ________________.
2. TANGOTANZEN: Seine neue Leidenschaft ist das ________________.
3. HEIMFAHREN: Wir ________________ erst später ________________.
4. SKIFAHREN / EISLAUFEN: Erst waren sie ________________ und nachher noch ________________.

5. UMFAHREN: Die Polizei rät, die Innenstadt weiträumig ________________.
6. UMFAHREN: Aus Versehen hat er den Zaun ________________.
7. WIEDERVERSUCHEN: Du solltest es einfach ________________.
8. WIEDERGEBEN: Hat er dir eigentlich das Buch ________________?
9. WIDERSPRECHEN: Er liebt es, dauernd zu ________________.
10. WIEDERSPRECHEN: Nach dem Schlaganfall musste sie ________________ lernen.
11. GEFANGENNEHMEN: Gestern haben sie ihn ________________.
12. LAUFENLASSEN: Heute mussten sie ihn wieder ________________.
13. LAUFENLASSEN: Im Sommer hat der Sportlehrer die Schüler in der letzten Viertelstunde oft ________________.
14. UNTERSTELLEN: Wurde dem Politiker wirklich Steuerhinterziehung ________________?
15. UNTERSTELLEN: Habt ihr euch bei dem Regen ________________?
16. ZUSEHEN: Weit und breit war nichts ________________.
17. ZUSEHEN: Sie wollte da einfach nicht länger ________________.
18. AUFRECHTERHALTEN: Die Produktion muss ________________ werden.
19. AUFRECHTGEHEN: Durch dieses Tor können Sie ________________.
20. DAVONKOMMEN: Die Diebe sind ________________.
21. DAVONKOMMEN: Eindeutig ist die Infektion ________________.
22. GUTMACHEN: Das hat er wieder ________________.
23. GUTSCHREIBEN: Ist der Betrag schon ________________?
24. UMGEHEN / UMGEHEN: Es ist nicht einfach, mit dieser Problematik ________________, sie ist aber leider nicht ________________.

Übung 14

Getrennt oder zusammen? Setzen Sie richtig ein!
Achten Sie im jeweiligen Satz auf die passende (Zeit-)Form, denn die Verben sind im Infinitiv angegeben und zusammengeschrieben, was natürlich nicht immer richtig ist.

1. WAHRSAGEN: Ich wünschte, ich könnte ________________.
2. VORAUSSEHEN / WEITERENTWICKELN: Dann könnte ich ________________, ob sich die Zinsen so wie bisher ________________.
3. ÜBERQUEREN: Es ist verboten, die Bahngleise zu ________________.
4. LEICHTNEHMEN: Manche Leute schaffen es, ihre Probleme ________________.
5. GLATTGEHEN: Mach dir keine Sorgen, es wird schon ________________.
6. ZUFRIEDENSEIN: Du kannst mit diesem Ergebnis wirklich ________________.
7. ROTSEHEN / AUSRASTEN: Er hat ________________ und ist ________________.
8. ÜBRIGBLEIBEN: Vom Essen ist mal wieder nichts ________________.
9. LEIDTUN / GUTGEHEN: ________________ mir ________________, dass es dir nicht ________________.
10. BLAUMACHEN: Gestern hat er schon wieder ________________.
11. ZUSAMMENBRECHEN: Der Außenseiter tat dem Favoriten nicht den Gefallen, in der zweiten Spielhälfte ________________.
12. ZUSAGEN: Um ________________, ist es noch zu früh.
13. FREISPRECHEN: Sie muss bei der Präsentation ________________.
14. BLOSSSTELLEN: Er liebte es, Schüler vor der Klasse ________________.
15. FERTIGMACHEN: Sie versucht, ihn zum wiederholten Mal ________________.
16. STARKMACHEN: Der Politiker versprach, sich dafür ________________.

17. DABEISEIN: Beim Fest werden alle Verwandten ________________.
18. ARBEITENKOMMEN: Er ist heute nicht ________________.
19. KRANKSCHREIBEN: Ist er ________________?
20. KALTLASSEN: Sein Geschimpfe hat sie völlig ________________.
21. ZUSAMMENHALTEN: Die beiden haben immer ________________.
22. HOCHRECHNEN / KOPFRECHNEN: Sie hat das schnell mal ________________, sie kann nämlich gut ________________.
23. PREISGEBEN: Niemals würde er sein Geheimnis ________________.

2.4 Adverbien

Adverbien können aus mehreren Teilen bestehen, also mit anderen Wortarten Verbindungen eingehen, die man dementsprechend immer zusammenschreibt.

Dies gilt vor allem für mehrteilige Adverbien, wenn das Suffix (= die Nachsilbe) nicht mehr deutlich einer Wortart zugeordnet werden kann. Dazu folgend eine Liste der häufig vorkommenden zusammengeschriebenen Adverbien:

Suffix	**Adverb**
-dessen	*infolgedessen, unterdessen*
-dings	*allerdings, neuerdings*
-falls	*bestenfalls, keinesfalls, notfalls*
-halber	*anstandshalber, probehalber*
-mal	*diesmal, einmal, keinmal, manchmal*
-mals	*niemals, oftmals, vielmals*
-maßen	*einigermaßen, zugegebenermaßen*
-seits	*abseits, andererseits, einerseits*
-teils	*größtenteils, meistenteils*
-wärts	*auswärts, flussaufwärts, seitwärts*
-wegen	*deinetwegen, meinetwegen*
-wegs	*keineswegs, unterwegs*
-weil /-weilen	*derweil, bisweilen*
-weise	*probeweise, üblicherweise (aber: auf übliche Weise)*
-zeit	*derzeit, zurzeit (aber: zur Zeit Goethes)*

Suffix	Adverb
-zeiten	*beizeiten, zuzeiten (= manchmal)*
-zu	*allzu, hierzu, immerzu*

Zudem gibt es *ein* Präfix (Vorsilbe) *aller-*, das sich mit und zu einem Adverb verbindet: *allerart, allerbestens, allerdings, allerfrühestens, allerorten* etc.

Daneben existieren Adverbverbindungen, bei denen beide Teile allein existieren, vor allem bei Adverbien, die mit Nomen zusammengesetzt sind, z. B. *bergab, bergan, kopfüber, mittwochmorgens, sonntagabends, tagsüber* (s. Kap. 1.6).

Übungen dazu finden Sie nach dem nächsten Teilkapitel 2.5 auf S. 72 f.

2.5 Feste Wortverbindungen – zwei Schreibweisen

Es existieren feste Wortverbindungen, bei denen Sie selbst entscheiden können, ob Sie sie als Zusammensetzung oder als Wortgruppe auffassen. Es gibt keinen Bedeutungsunterschied, Sie haben also tatsächlich die freie Wahl. Hier eine Auswahl der gebräuchlichsten Wendungen:

an Stelle	*anstelle*
auf Grund	*aufgrund*
auf Seiten	*aufseiten*
außer Stande sein	*außerstande sein*
im Stande sein	*imstande sein*
in Frage stellen/kommen	*infrage stellen/kommen*
in Stand setzen	*instand setzen*
mit Hilfe	*mithilfe*
so dass	*sodass*
von Seiten	*vonseiten*
zu Grunde gehen	*zugrunde gehen*
zu Gunsten	*zugunsten*
zu Hause sein/bleiben	*zuhause sein/bleiben*
zu Lasten	*zulasten*
zu Mute sein	*zumute sein*
zu Stande bringen	*zustande bringen*
zu Tage treten	*zutage treten*
zu Wege bringen	*zuwege bringen*

Die Tendenz bei der Schreibung der obengenannten Wortverbindungen geht zur Zusammen- und (dementsprechend) Kleinschreibung. Ich empfehle (wie auch der DUDEN) hier die Kleinschreibung. Aber – wie gesagt – Sie können wählen.

Wichtig ist allerdings, dass das Verb immer getrennt von der Wortverbindung geschrieben wird – dies wird häufig missachtet, stellt also eine Fehlerquelle dar.

Tipp

>> Am besten entscheiden Sie sich einmal, was Ihnen persönlich besser gefällt und bleiben immer bei dieser Schreibweise (linke oder rechte Spalte). Damit sparen Sie unnötiges Nachdenken und/oder Nachschlagen!

Aber Vorsicht, es existieren auch einige wenige Verbverbindungen, die sehr ähnlich klingen, aber schon immer zusammengeschrieben wurden, wie z. B. *vonstattengehen, zugutehalten, zugutekommen, zunichtemachen, zuteilwerden* – es handelt sich hier um trennbare Verben (s. Kap. 2.3).

Übung 15

Zu Adverbien und festen Wortverbindungen:
Getrennt oder zusammen, groß oder klein? Setzen Sie richtig ein!

1. INFRAGE / ABSEITS: Für mich kommt es nicht ____________, ____________ der Piste zu fahren.
2. MITHILFE / ZUWEGE: Hat er das ____________ seiner Freunde ____________ gebracht?
3. GRÖSSTENTEILS / ZUMTEIL: Die meisten Autos sind ____________ mit Airbag ausgerüstet, ____________ auch auf der Beifahrerseite.
4. EINERSEITS / ANDERERSEITS: Die Sache ist ____________ gut, ____________ bestehen auch Gefahren.
5. ZEIT / DEINETWEGEN / ABSEITS: Lange ____________ stand er ____________ im ____________.

6. ZURZEIT / AUSSERSTANDE: Er ist ____________________, die Probleme zu lösen.
7. EINIGERMASSEN / ÜBLICHEWEISE: Hast du das ____________________ verstanden und weißt du, wie man das auf ____________________ macht?
8. IMSTANDE / AUSWÄRTS: Die Mannschaft muss ____________________ sein, auch ____________________ zu gewinnen.
9. NOTFALLS / ZUHAUSE / ANSTANDSHALBER: ____________________ kannst du ____________________ bleiben, ____________________ solltest du aber Bescheid sagen.
10. ZURZEIT / ZUGEGEBENERMASSEN: Die Romane ____________________ der Jahrhundertwende sind ____________________ schwer zu lesen.
11. ZURFOLGE / INFOLGEDESSEN: Das Medikament hatte Herzrasen ____________________, ____________________ wurde es verboten.
12. MITHILFE / PROBEWEISE: Das Produkt wurde ____________________ ausländischer Firmen auf den Weg gebracht und ____________________ eingeführt.
13. ALLERDINGS / AUFSEITEN: ____________________ gab es ____________________ der Bevölkerung große Bedenken.
14. BEIZEITEN / INFRAGE: Ich weiß nicht, wie ich ____________________ fertig werden soll, aber eine Verlängerung kommt nicht ____________________.
15. OFTMALS / ZUTAGE: Er hat ____________________ gelogen, aber irgendwann werden seine Betrügereien ____________________ treten.

3. Einzelphänomene

Neben den großen Rechtschreibthemen (Groß- und Klein- sowie Getrennt- und Zusammenschreibung) existieren einige sprachliche Phänomene im Deutschen, die immer wieder Probleme bereiten können und Fehlerquellen darstellen. Die wichtigsten dieser Themenbereiche finden Sie nun im weiteren Verlauf erklärt – selbstverständlich gibt es auch wieder Tipps und Übungen.

3.1 Verwechslungsgefahr bei einigen Wörtern

Bei einigen Wörtern werden häufig Fehler gemacht, weil sie gleich oder sehr ähnlich klingen. Damit Ihnen (in Zukunft) kein Fehler mehr unterläuft, hier eine kleine Liste mit entsprechenden Erklärungen dazu:

wieder	Bedeutung: noch einmal	*Der Artikel ist jetzt wieder lieferbar.*
wider	Bedeutung: gegen	*Er widerstand der Versuchung.*
zurzeit	Bedeutung: momentan	*Zurzeit ist der Artikel nicht lieferbar.*
zur Zeit	Bedeutung: Zeitraum, Epoche	*Zur Zeit Goethes gab es noch keine einheitlichen Rechtschreibregeln.*
seid	2. Person Plural von „sein“	*Ihr seid alle herzlich eingeladen.*
seit	Temporalkonjunktion, leitet einen Nebensatz ein. **Tipp**: Merken Sie sich, „seit“ mit „**t**“, weil **t**emporal.	*Seit sie das weiß, handelt sie anders.*
so bald	Zeitangabe	*Sie wird so bald nicht wiederkommen.*
sobald	Konjunktion, leitet einen Nebensatz ein.	*Er sagt Bescheid, sobald er neue Informationen hat.*
so fern	Entfernungsangabe	*Der Horizont ist so fern.*
sofern	Konjunktion, leitet einen Nebensatz ein.	*Ich fahre schon am Freitag, sofern ich Urlaub bekomme.*
so viel	Mengenangabe	*Hier kann man so viel essen, wie man will.*
soviel	Konjunktion, leitet einen Nebensatz ein.	*Soviel ich weiß, kommt er morgen vorbei.*
so weit	Angabe zur Ausdehnung	*Der Weg war so weit, dass ich nachher Blasen an den Füßen hatte.*

soweit	Konjunktion, leitet einen Nebensatz ein.	*Soweit er informiert war, lag hier ein Versehen vor.*
so lange	Längenangabe	*Sie wartet schon so lange auf ihren Bescheid.*
solange	Konjunktion, leitet einen Nebensatz ein.	*Solange es nicht regnet, bin ich schon zufrieden.*
Tod	Nomen	*Der Tod kam überraschend.*
tot	Adjektiv bzw. Adverb	*Ein totes Tier lag auf der Straße.*
totschießen, totschlagen, sich totärgern	Verben (mit Tötungsabsicht) schreibt man immer mit „t", auch im übertragenen Sinn.	*Der Förster hat den Hasen totgeschossen, darüber haben sich die Kinder totgeärgert.*
todmüde, todtraurig, todkrank	Die Vorsilbe „tod" hat verstärkende Funktion, ist abgeleitet von dem Nomen „Tod" und wird deshalb mit „d" geschrieben.	*Der Großvater war lange todkrank, worüber die Familie todtraurig war.*
der Todgeweihte	Bedeutung: Er ist dem Tod (= Nomen) geweiht/nahe.	*Der Todgeweihte hatte nicht mehr lange zu leben.*
der Totgeglaubte	Bedeutung: Man hielt ihn für tot (= Adjektiv).	*Auf einmal stand der Totgeglaubte quicklebendig im Türrahmen.*
-tägig, -jährig	Adjektiv für eine bestimmte Anzahl an Tagen bzw. Jahren.	*Der vierzehntägige Workshop geht über vierzehn Tage.* *In zweijährigem Abstand wiederholt sich die Sache.*
täglich, jährlich	Temporaladverb, Bedeutung: jeden Tag, jedes Jahr	*Der vierzehntägliche Workshop findet alle vierzehn Tage statt.* *Die Sache wiederholt sich jährlich.*
anscheinend	Es wird die Vermutung geäußert, dass etwas so ist, wie es scheint.	*Anscheinend haben die Bremsen versagt, aber das ist noch ungeklärt.*
scheinbar	Etwas entspricht nicht der Realität, sondern (er)scheint nur so.	*Nur scheinbar machte das Unternehmen Gewinne, in Wirklichkeit war alles Betrug.*
formal	Die Form betreffend	*Die formale Gestaltung der Arbeit war gelungen.*
formell	Nach Gesetz und Ordnung	*Es wurde ein formeller Antrag bei der Behörde gestellt.*
unsozial	Ungerechtigkeit in sozialer Hinsicht	*Es war eine höchst unsoziale Entscheidung, 100 Mitarbeiter zu entlassen.*
asozial	Schlechtes Verhalten der Gesellschaft gegenüber	*Sein asoziales Verhalten (Gewaltanwendung, Zündeleien und Sachbeschädigungen) hat zur Entlassung geführt.*

3.2 Der s-Laut (s/ss/ß)

Der s-Laut existiert im Deutschen in dreifacher Ausführung: *s, ss, ß*.

Viele scheinen zu glauben, das „ß" gäbe es nicht mehr, aber dies ist nur in der Schweiz der Fall, die diesen Buchstaben nicht länger im Alphabet hat. Alle anderen deutschsprachigen Länder benutzen das „ß" weiterhin, allerdings gibt es hier einige Änderungen durch die Rechtschreibreform, die den Versuch unternommen hat, auch bei der Schreibung des s-Lautes allgemein mehr Klarheit zu schaffen und logischer vorzugehen. Dies ist zum Großteil gelungen, aber es gibt weiterhin einige Ausnahmen, denn (Sprach-)Logik ist nicht immer ein Kriterium für die Rechtschreibung. Grundsätzlich gilt auch für dieses Thema: Keine Regel ohne Ausnahme – das kennen Sie schon ... Wann wie geschrieben wird, ist zwar geregelt, gilt aber nicht durchgängig.

Aus diesem Grund ist dieses Kapitel so aufgebaut, dass Sie zunächst die Regelungen mit den wichtigsten Ausnahmen kennenlernen, am Ende des Kapitels finden Sie dann einige „Faustregeln" und selbstverständlich Tipps, die Ihnen helfen sollen, sich im Dickicht des s-Lautes zurechtzufinden. Die Faustregeln decken dabei ca. 90 Prozent der Fälle ab – dies ist ja schon eine ganz gute Quote.

Grundsätzlich unterscheidet man bei der Schreibung des s-Lautes **drei verschiedene Laute**, und zwar

1. den **stimmhaften s-Laut** („weich und summend" ausgesprochen), der **immer mit einem „s" geschrieben** wird: *Hose, Bluse, Vase*
2. den **stimmlosen s-Laut** („scharf und zischend" gesprochen), der **mit „ss" geschrieben** wird: *Wasser, Kasse, Stress*
3. den **stimmlosen s-Laut** („scharf" gesprochen, Stichwort „Scharfes s"), der **mit „ß" geschrieben** wird: *Straße, Fuß, Strauß*

Wie der s-Laut jeweils geschrieben wird, richtet sich aber nach **weiteren Kriterien**, z. B.:

- Wird der vorhergehende Vokal kurz, lang oder normal lang ausgesprochen?
- Handelt es sich beim vorhergehenden Laut um einen Doppellaut?
- Welcher Buchstabe folgt dem s-Laut?
  So beeinflusst z. B. ein folgender Konsonant die Schreibung des s-Lautes.
- Liegt eine Auslautverhärtung vor?
- Welche Stammform hat das Wort?
  Denn diese entscheidet über die (weitere) Schreibung des s-Lautes.

Wie Sie sehen, Fragen über Fragen, die im Folgenden beantwortet werden, auch wenn – wie oben erwähnt – selten hundertprozentige Regeln existieren.

1. Es gelten folgende Regelungen für die Schreibung mit „s“:

- **Stimmhafter s-Laut**, z. B. *Dose, gruselig, lesen, nasal, Reise, Vase, Wesen*
  Wichtig: Alle Verben, die im Infinitiv mit einem „s“ geschrieben werden, werden auch in allen anderen Formen immer mit einem „s“ geschrieben: *dösen → er döst / lesen → sie liest / niesen → er hat geniest / reisen → sie reiste* Diese Regel gilt zu 100 Prozent.

- **Stimmloser (scharf ausgesprochener) s-Laut bei kurzem Vokal, wenn ein Konsonant folgt**, z. B. *Brustmuskel, lispeln, lästig, Rast, rosten, Wespe*
  Wichtig: Diese Regel gilt nicht für Verben, die im Infinitiv mit „ss“ geschrieben werden: Trotz des folgenden Konsonanten „t“ wird mit „ss“ geschrieben, z. B. *du musst* (Infinitiv: *müssen) / er lässt* (Infinitiv: *lassen*) */ ihr wisst* (Infinitiv: *wissen*) (Siehe dazu unten: Schreibung mit „ss“, Punkt 1.)

- **Stimmloser (scharf ausgesprochener) s-Laut bei langem Vokal, wenn ein Konsonant folgt**, z. B. *Ostern, Schuster, trösten, wüst*
  Von dieser Sorte existieren nur sehr wenige Wörter.

- **Nomen, die auf *-nis* enden**, z. B. *Ergebnis, Geheimnis, Zeugnis*, aber im Plural wird der s-Laut verdoppelt: *Ergebnisse, Geheimnisse, Zeugnisse* Regel gilt zu 100 Prozent.

- **Einige Fremdwörter**:
  - Nomen, die auf *-mus* enden, z. B. *Lackmus, Realismus, Terrorismus*
  - Einsilbige Wörter, z. B. *Bus* (aber im Plural Verdopplung: *Busse*), *plus*
  - mehrsilbige Wörter, z. B. *Eros, Epidermis, Mythos, Numerus, Status*

- **Einige einsilbige Wörter mit Auslautverhärtung** (= der letzte Buchstabe des Wortes wird stimmlos gesprochen), z. B. *aus, bis, das, des, Eis, fies, Glas, Gras, Haus, Mais, Maus, mies, Los, Preis, Reis, Verlies, was.*
  Im Plural werden die obengenannten Nomen jedoch stimmhaft gesprochen *(Gläser, Gräser, Häuser, Mäuse, Lose, Preise*), dies gilt auch für andere Ableitungsformen (*fieses, mieses Wetter).*

Von dieser Sorte existieren nicht viele Wörter, sie stellen **Ausnahmen** dar. Der Normalfall bei einsilbigen Wörtern, bei denen das „s“ stimmlos gesprochen wird, ist entweder die Schreibung mit „ss“ (*Fluss, Kuss*) oder mit „ß“ (*groß, Maß*) (Siehe folgende Abschnitte!).

>> **Tipp**

Bilden Sie bei einsilbigen Nomen, die auf „s“ enden, den Plural oder eine andere Ableitungsform. Sprechen Sie das Wort aus, um herauszufinden, ob der Laut stimmlos oder stimmhaft ausgesprochen wird, wodurch Sie den Hinweis erhalten, dass im Singular mit einem „s“ geschrieben wird (*eisig* → *Eis, Gräser* → *Gras*).

2. Es gelten folgende Regeln für die Schreibung mit „ss“:

- **Stimmloser (scharf ausgesprochener) s-Laut nach einem kurzen Vokal im Wortinneren**, z. B. *besser, Essig, Kasse, massig, Messer, müssen, vermissen, wessen, wissen.*

- **Stimmloser (scharf ausgesprochener) s-Laut nach einem kurzen Vokal im Auslaut am Wortende**, z. B. *Bass, Biss, gewiss, Kuss, Schloss, tschüss, Verriss, Zufluss.*
  Ausnahmen siehe oben: Schreibung mit „s“, Punkt 4 (Nomen, die auf *-nis* enden), Punkt 5 (einige Fremdwörter) und Punkt 6 (einige einsilbige Wörter mit Auslautverhärtung).

3. Es gelten folgende Regeln für die Schreibung mit „ß“:

- **Stimmloser (scharf ausgesprochener) s-Laut nach einem langen Vokal im Wortinneren oder am Wortende**, z. B. *büßen, Floß, Gruß, groß, Klöße, Ruß, Spaß, spießig, stoßen, Straße.*
  Ausnahmen siehe oben: Schreibung mit „s“, Punkt 6 (einsilbige Wörter mit Auslautverhärtung, z. B. *Gras, Los*).

- **Stimmloser (scharf ausgesprochener) s-Laut nach einem Diphthong (= Doppellaut *ei, au, äu, eu, ie*)**, z. B. *abreißen, Außenfenster, äußerst, beißen, Gießkanne, scheußlich, schließlich, weiß.*

Ausnahmen siehe oben: Schreibung mit „s“, Punkt 6 (einsilbige Wörter mit Auslautverhärtung, z. B. *Eis, Haus, mies*).

> **Tipp**
>
> Grundsätzlich werden nur solche Wörter mit „ß“ geschrieben, bei denen der s-Laut stimmlos, also scharf ausgesprochen wird. Aus diesem Grund nennt man diesen Buchstaben (neben Eszett) auch „Scharfes s“.

Wichtig: Bei der Konjugation einiger unregelmäßiger Verben kann die Länge bzw. Kürze des Vokals vor dem s-Laut wechseln, so dass auch die Schreibung von „ss“ und „ß“ entsprechend differiert, z. B. *beißen → er biss / fließen → es floss / genießen → sie genoss / reißen → es riss / wissen → er weiß, sie wussten.*

> **Tipp**
>
> Überprüfen Sie bei Verben, die im Infinitiv mit „ß“ geschrieben werden, mehrere Zeitformen, um herauszufinden, ob der Vokal vor dem „s“ kurz oder lang gesprochen wird. Hier hilft es, das Verb laut zu sprechen.

Im Folgenden nun die **Faustregeln auf einen Blick**, die mindestens **90 Prozent** der Wörter mit s-Laut abdecken:

1. Wird der s-Laut stimmhaft (weich) ausgesprochen, schreibt man ein „s“: *Besen, musisch, verweisen.*
2. Wird der s-Laut stimmlos (scharf) und der Vokal davor kurz ausgesprochen, schreibt man „ss“: *Beschluss, essen, rissig.*
3. Wird der s-Laut stimmlos (scharf) und der Vokal davor lang ausgesprochen, schreibt man „ß“: *Fußball, grüßen, mäßig.*
4. Wird der s-Laut stimmlos (scharf) ausgesprochen und es steht ein Doppellaut davor, schreibt man „ß“: *außer, Fleiß, schießen.*

Bitte denken Sie auf jeden Fall daran, dass es ca. 10 Prozent Ausnahmen von diesen Faustregeln gibt, im oberen Teil dieses Kapitels finden Sie die genauen Erklärungen dazu. Zum Schluss daher noch ein paar Beispiele zu dieser Problematik:

Sie ist zuhause und isst eine Suppe. Die Polizei hat ihn fast gefasst. Du hast ihn gehasst. Diesen Mist hab ich nicht vermisst.

Grundsätzlich gilt: Bei Unsicherheiten schauen Sie unbedingt in ein aktuelles (d. h. ab 2006 erschienenes) Wörterbuch!

Übung 16

Wie schreibt man in folgenden Wörtern den s-Laut?
Am besten sprechen Sie vor dem Einsetzen des/der Buchstaben das jeweilige Wort laut und deutlich aus.

Geldbu_____e / Intere_____e / Grü_____e / Fu_____ball / bla_____ / Lo_____ / Ha_____ / Ha_____e / gemä_____ / Proze_____ / schie_____en / Bu_____en / drau_____en / Flei_____ / genie_____en / Reisepa_____ / gewi_____ / Kie_____el / Ku_____ / Ru_____ / gro_____ / hei_____ / Flo_____ / Stra_____e / Ra_____en / gie_____en / Ra_____e / Gefä_____ / au_____en / bi_____chen / Genu_____ / lei_____e / Erla_____ / Schlo_____ / na_____ / Gla_____ / kra_____ / ba_____isch / Ba_____ / begrü_____en / do___ieren / Nu_____ / rei_____en / Mu_____e

Übung 17

Entscheiden Sie: s, ss oder ß?

1. Wegen eines Viru_____ mu_____te die Mensa geschlo_____en werden.
2. Seit wann wi_____t ihr das?
3. Ich wei_____ überhaupt nichts.
4. Es ist bi_____chen spät geworden.
5. Was i_____t du eigentlich am liebsten?
6. Ich e_____e fa_____t alles gerne.
7. Gut, dann la_____ uns zum Chinesen gehen.
8. Ich kann mich nicht entschlie_____en.
9. Dann werde ich jetzt einen Beschlu_____ fa_____en.
10. Gemä_____ der folgenden Verordnung beschlie_____en wir x.

11. In Ihrem eigenen Intere_____e sollten Sie Gewi_____heit haben.
12. Für Terrorismu_____ habe ich absolut kein Verständni_____.
13. Zum Schlu_____wurde ein Kompromi_____ beschlo_____en.
14. Der alte Kohleofen war extrem ru_____ig.
15. Viele Bäche und Flü_____e flie_____en in den Rhein.
16. Ein Bu_____ard lauert am Stra_____enrand auf Beute.
17. Genmai_____ in Lebensmitteln erntete wü_____te Beschimpfungen.
18. Wir sollten das Fenster schlie_____en, es kommt nur hei_____e Luft herein.
19. Eine frühere TV-Show hie_____: „Der Prei_____ ist hei_____".
20. Vorsicht, hier ist es noch na_____!
21. Gestern Abend hatten wir alle viel Spa_____.
22. Die Katze fing sich eine Mau_____ und fra_____ sie auf.
23. Kein Schwei_____ aufs Holz, hei_____t es in der Sauna.
24. Der Vampir bi_____ bi_____ zum Morgengrauen.
25. Du solltest Wein immer in Ma_____en trinken.

3.3 „das" oder „dass"?

Ein häufig gemachter Fehler in der Rechtschreibung ist die falsche Verwendung von „das" und „dass".

Dieses Problem bestand auch schon zu der Zeit, als man in alter Rechtschreibung noch „daß" statt heute „dass" schrieb. (Anmerkung: Das „daß" existiert jetzt nicht mehr!)

Dabei ist die Unterscheidung gar nicht so schwierig, wenn man weiß, mit welchem Wort man es eigentlich zu tun hat. Denn bei „das" und „dass" handelt es sich um zwei völlig verschiedene Wortarten, die ganz unterschiedliche Funktionen im Satz übernehmen.

Das **„das"** kann entweder **ein Artikel** oder **ein Pronomen** (Demonstrativ- oder Relativpronomen) sein. Es bezieht sich auf ein Nomen oder es ersetzt ein Nomen, deshalb nennt man es **Pro**nomen („pro" (lat.) = „für"). An folgenden Beispielen wird dies deutlich:

Artikel:	**Das** *Angebot ist sehr günstig.*
Demonstrativpronomen:	**Das (= dies)** *ist ein günstiges Angebot.*
Relativpronomen:	*Das Angebot,* **das** *nur zwei Tage gilt, ist sehr günstig.*

Sie sehen, das „das“ bezieht sich immer auf das Nomen (hier: „Angebot“). Die richtige Schreibweise können Sie gut testen, im Folgenden sind diese Tests als Tipps aufgelistet.

>> **Tipp**

1. Suchen Sie zunächst das Bezugswort. Ist dies ein Nomen, dann schreibt man mit einem „s“, also „das“.
2. Kann man statt „das“ auch „dies(es)“ sagen, handelt es sich um ein Demonstrativpronomen. Das lateinische Verb „demonstrare“ bedeutet „zeigen“. Wenn also auf etwas gezeigt/hingewiesen wird, dann schreiben Sie „das“:
   Ich bin traurig, das (= dies) kann ich nicht verbergen.
3. Kann man für „das“ auch „welches“ einsetzen, handelt es sich um ein Relativpronomen, das einen Nebensatz einleitet. Auch hier schreiben Sie „das“:
   Das Problem, das (= welches) sich hier ergibt, ist bald beseitigt.

Es spielt zwar schreibtechnisch keine Rolle, ob Sie es bei „das“ mit einem Artikel, einem Demonstrativ- oder einem Relativpronomen zu tun haben, aber es kann sehr hilfreich sein zu wissen, warum man etwas auf eine bestimmte Weise schreibt. Aus diesem Grund werden Sie das auch gleich üben können.

Zunächst jedoch zum **„dass“**, bei dem es sich um eine ganz andere Wortart handelt: „dass“ ist nämlich eine **Konjunktion**, die einen Nebensatz einleitet. Es bezieht sich immer auf einen **verbalen Ausdruck** (in den folgenden Beispielen unterstrichen) und steht nicht immer, aber häufig nach Verben des Sagens und Meinens:

Ich denke, dass ich die Prüfung locker bestehen werde.
Mein Freund befürchtet jedoch, dass er durchfallen wird.
Dass die Klausur nicht leicht wird, ist ihm klar.

An letzterem Beispiel sehen Sie, dass der Nebensatz (*Dass die Klausur nicht leicht wird)* auch **vor** dem Hauptsatz *(ist ihm klar)* stehen kann. In diesen Fällen muss man sehr aufmerksam sein. Um sicherzugehen, dass es sich um einen Nebensatz in Vorderstellung handelt, kann man den Satz umstellen, allerdings ändert sich dann die Wortstellung im Hauptsatz: *Ihm ist klar, dass die Klausur nicht leicht wird.*

Tipp

>> Überprüfen Sie erstens, ob ein verbaler Bezug besteht. Wenn ja, dann schreibt man „dass“.
Überprüfen Sie zweitens, ob man die Teilsätze vertauschen kann, so dass der Hauptsatz vorne steht. Wenn ja, dann schreibt man „dass“.

Übung 18

Vervollständigen Sie die Sätze mit „das“ bzw. „dass“ und setzen Sie die zutreffende Wortart in die Klammer ein: Artikel (A), Demonstrativpronomen (D), Relativpronomen (R) oder Konjunktion (K)!

Beispiel: Es ist durchaus möglich, **dass** (K) **das** (A) immer noch steigende Hochwasser bis in **das** (A) Zentrum vordringt.

1. ____________ (   ) ist kein vorteilhaftes Geschäft, ____________ (   ) du abgeschlossen hast.
2. Die Firma teilte uns mit, ____________ (   ) ____________ (   ) Produkt heute abgeschickt wird, so ____________ (   ) es spätestens übermorgen ankommt.
3. Endlich kommt ____________ (   ) Paket, auf ____________ (   ) wir so lange gewartet haben.
4. Der Investor behauptet, ____________ (   ) ____________ (   ) Grundstück, ____________ (   ) die Stadt zum Kauf anbietet, total überteuert ist.
5. ____________ (   ) ist ____________ (   ) neue Haus, ____________ (   ) wir kaufen wollten.
6. Die Firma informiert, ____________ (   ) Messer dieser Art nicht mehr hergestellt werden.
7. Ich muss Ihnen mitteilen, ____________ (   ) ____________ (   ) Unternehmen, über ____________ (   ) Sie eine Auskunft wünschen, ____________ (   ) vereinbarte Ziel schon oft überschritten hat.
8. Ich glaube, ____________ (   ) ____________ (   ) Geld, ____________ (   ) du ihm gabst, auch ihm gehört.
9. Er gibt an, ____________ (   ) er den Wagen nicht gefahren hat.

10. ____________ ( ) kann man auch verlangen!
11. Ich glaube nicht, ____________ ( ) ____________ ( ), was du sagst, richtig ist.
12. ____________ ( ) Kleid, ____________ ( ) Moni gestern trug, war knallrot, ____________ ( ) sah einfach umwerfend aus.
13. Er redete einfach weiter, ohne ____________ ( ) jemand zuhörte.
14. Glaubst du, ____________ ( ) ____________ ( ) eine Lösung ist?
15. ____________ ( ) Alkoholmissbrauch in jungen Jahren noch später große Gesundheitsrisiken birgt, ____________ ( ) wollen viele nicht glauben.
16. Er vertritt die Ansicht, ____________ ( ) nur ein frühes Eingreifen helfen kann.
17. ____________ ( ) Urteil, ____________ ( ) sehr hart ausfiel, hat alle geschockt.
18. Es ist bekannt, ____________ ( ) ein Kind, ____________ ( ) noch nicht zur Schule geht, ____________ ( ) auf keinen Fall verstehen kann.
19. ____________ ( ) hat Ihnen, hoffe ich, keine großen Probleme bereitet. Wenn doch, schauen Sie sich, bevor Sie weiterüben, noch einmal die Regeln und Tipps zu diesem Thema an!

Übung 19

Vervollständigen Sie die Sätze mit „das" bzw. „dass"!

Nun hoffe ich, __________ Sie mit der Unterscheidung von „__________" und „__________" keine Probleme mehr haben. __________ wäre doch gelacht, wenn Sie sich __________ in Zukunft nicht merken könnten! Sie haben bestimmt schon ein Referat gehalten, __________ die kompliziertesten Sachverhalte beinhaltete, so __________ ein Laie __________ sicher nicht verstanden hätte. Damit verglichen ist __________ Thema, __________ wir hier bearbeiten, sicher nicht schwerer. __________ Sie sich aber mit dem Problem, __________ sich bei der Anwendung ergeben kann, befassen sollten, __________ ist jedoch klar. Lassen Sie sich __________ alles noch einmal durch den Kopf gehen und üben bei Unsicherheit __________ Thema häufiger, so __________ Sie immer sicherer werden. Dann schaffen Sie __________ auch, __________ glaube ich sicher!

3.4 Fremdwortschreibung

Fremdwörter richtig zu schreiben, ist nicht immer einfach, deshalb finden Sie im Folgenden mehrere Listen zu den wichtigsten und auch neuen Schreibweisen.

3.4.1 Änderungen durch die Reform

Einige Neuregelungen erleichtern die Schreibweise, da Buchstabenkombinationen eingedeutscht wurden. Dies wirkt auf den ersten Blick sicher ungewöhnlich, stellt aber einen ganz normalen Prozess in der Fremdwortschreibung dar, sofern diese Wörter fest in unseren Sprachschatz integriert wurden bzw. werden. So schrieb man beispielsweise vor rund 100 Jahren statt *Büro* noch *Bureau* oder *praecise* statt heute *präzise*. Sie sehen, auch wenn die untenstehende (unvollständige) Liste vielleicht Schmunzeln hervorrufen sollte, es ist nur eine Frage der Zeit …

Betroffen sind die Buchstabenkombinationen:

ai zu *ä*	*é* zu *ee*	*gh* zu *g*
ph zu *f*	*qu* zu *k*	*ti* zu *z*

Zurzeit existieren aus diesem Grund bei einigen Fremdwörtern doppelte Schreibweisen – es handelt sich also um **Kann-Bestimmungen**, hier eine kleine Auswahl:

Alte bzw. veraltete Schreibweise	Moderne Schreibweise
Drainage, Mayonnaise	*Dränage, Mayonäse*
Exposé, Varieté	*Exposee, Varietee*
Joghurt, Spaghetti	*Jogurt, Spagetti* (Letzteres habe ich noch nie gesehen.)
Biographie, Delphin, Geographie, Paragraph	*Biografie, Delfin, Geografie, Paragraf*
Kommuniqué	*Kommunikee*
differentiell, essentiell, potentiell,	*differenziell, essenziell, potenziell*

Während einige neue Schreibweisen sicher Stirnrunzeln hervorrufen und z. B. die neue Schreibung von *Spagetti* vielleicht vermuten lässt, dass diese Nudeln nicht wirklich schmecken, halte ich persönlich einige Änderungen für sehr sinnvoll: vor allem die **Veränderung von „ti" zu „zi"** (bei *differenziell, potenziell* etc.), weil die entsprechenden Nomen ebenfalls auf „z" enden: *Differenz, Potenz* etc.

Bei der sprachlichen **Entwicklung von „ph" zu „f"** gibt es einige Wörter, bei denen schon vor der Reform ein „f" statt eines „ph" geschrieben wurde, wie z. B. bei *Telefon, Foto* und *Grafiker.*

Beachten Sie aber, dass die Schreibung mit „f" natürlich **nicht bei allen Fremdwörtern** gilt – im Gegenteil, man schreibt die meisten weiterhin mit „ph", z. B. *Alphabet, Aphorismus, Metapher, Phase, Philosophie* etc.

Bei einigen Fremdwörtern haben Sie also die Wahl, ob Sie die alte oder die neue Schreibweise benutzen möchten, **falsch** wäre allerdings eine **Mischform** wie *Fotograph.*

Grundsätzlich gilt (auch) hier: Lieber einmal mehr ins Wörterbuch schauen als einmal zu wenig – vor allem bei einer wissenschaftlichen Arbeit!

Achten Sie auch unbedingt darauf, dass Sie die **Schreibung der Fremdwörter** in einem Text **einheitlich gestalten**: entweder alte oder neue Schreibung.

3.4.2 Richtige Fremdwortschreibung

Falsche Fremdwortschreibung ist ein weitverbreitetes Phänomen. Im Folgenden eine Auswahl der häufig vorkommenden Fehler sowie der richtigen Schreibung:

Richtige Schreibweise	Falsche Schreibweise	Besonderheit/Erklärung
akkurat	~~*akkerat*~~	
Batterie	~~*Battarie*~~	
Delegation	~~*Deligation*~~	
delegieren	~~*deligieren*~~	
Doktorand	~~*Doktorant*~~	
E-Mail	~~*Email, email, e-mail, e.Mail etc.*~~	Nur die Schreibweise E-Mail ist richtig, auch wenn Sie es häufig anders lesen! Sie können aber die Kurzform „Mail" verwenden.

Richtige Schreibweise	Falsche Schreibweise	Besonderheit/Erklärung
Emission	~~*Emmission*~~	
et al.	~~*et. al.*~~	*et* (lat.) bedeutet *und*, also kein Punkt dahinter; *al.* ist die Abkürzung für *alii* (lat.) und bedeutet *andere*.
Fokus	~~*Focus*~~	
googeln	~~*googlen*~~	Im Perfekt: *Ich habe gegoogelt.*
Immission	~~*Imission, Immision*~~	
korrigieren	~~*korregieren*~~	*korrigieren* mit „i" trotz *Korrektur* mit „e"
Know-how oder Knowhow	~~*Know-How*~~	
Miene (= Gesichtsausdruck)	~~*Mine*~~	
Mine (= Bergwerk, Schreibgerät, Sprengkörper)	~~*Miene*~~	
parallel	~~*paralell, parallell*~~	
präferieren	~~*preferieren*~~	
Reflexion	~~*Reflektion*~~	Aber *reflektieren*!
Reparatur	~~*Reperatur*~~	
Rhetorik	~~*Rhethorik*~~	
Rhythmus	~~*Rythmus, Rhytmus*~~	
separat	~~*seperat*~~	
Silvester	~~*Sylvester*~~	Sylvester ist ein Vorname.
Standard	~~*Standart*~~	
standardisiert	~~*standartisiert*~~	
Status quo	~~*Status Quo*~~	Status Quo ist eine Rockband.

3.4.3 Pluralbildung von Fremdwörtern

Ein weiteres Problem stellt die falsche Pluralbildung von Fremdwörtern dar. Hier wieder einige Beispiele:

Singular	Plural	Anmerkung
Agenda	*Agenden*	Nicht: ~~Agendas~~
Album	*Alben*	

Singular	**Plural**	**Anmerkung**
Antibiotikum	*Antibiotika*	Falsch ist die Benutzung des Plurals statt des Singulars (*Ich bekomme ~~ein Antibiotika~~.).*
Caféteria	*Caféterien* oder *Caféterias*	
Chaos	---	
Datum	*Daten*	
Exitus	---	
Forum	*Foren*	Aber nicht: *Sein ~~Forenbeitrag~~*, sondern *sein Forumsbeitrag* (neudeutsch: Posting).
Index	*Indizes, Indexe*	**Vorsicht:** Hier kann man nicht wählen, die Pluralform entscheidet über die Bedeutung: **Indexe** = Verzeichnisse oder Listen verbotener Dinge (z. B. stehen gewaltverherrlichende Filme auf Indexen). **Indizes** = statistische Werte oder hochgestellte Zahlen (z. B. x^2).
Internum	*Interna*	Falsch ist die Benutzung des Plurals statt des Singulars (*Sie hat mir ~~ein Interna~~ verraten.).*
Kasus	*Kasus*	Das „u" wird im Plural lang gesprochen.
Komma	*Kommas* oder *Kommata (veraltet)*	
Labor	*Labore* oder *Labors*	
Liga	*Ligen*	
Modus	*Modi*	
Party	*Partys*	Der Plural englischer Wörter, die auf „y" enden, wird im Deutschen immer mit einem „s" gebildet, so also auch *Babys, Ladys, Storys* etc.
Pizza	*Pizzen* oder *Pizzas*	Der richtige italienische Plural (*Pizze*) wird im Deutschen hingegen nicht verwendet.

Singular	Plural	Anmerkung
Plenum	*Plenen*	Nicht ~~*Plenums*~~, aber die *Plenumsdebatten*.
Praktikum	*Praktika*	Falsch ist die Benutzung des Plurals statt des Singulars (*Kann ich bei Ihnen ~~ein Praktika~~ machen?*).
Status	*Status*	Das „u“ wird im Plural lang gesprochen. Pluralformen wie ~~*Stati*~~ oder ~~*Statusse*~~ sind Stuss!
Thema	*Themen* oder *Themata (veraltet)*	
Visum	*Visa, Visen*	Falsch ist die Benutzung des Plurals statt des Singulars (*Sie braucht für China ~~ein Visa~~*.). Ob Sie *Visa* (für mehrere Personen!) beantragen oder eine *Visa-Karte*, ist ein entscheidender Unterschied!
Zyklus	*Zyklen*	

Allgemeine Anmerkung:
Wenn Sie in Ihrem Text Wörter aus einer anderen Sprache benutzen, die (noch) nicht in einem deutschen Wörterbuch stehen, sollten Sie diese entweder mit Kursivdruck (z. B. *Storytelling)* oder mit Anführungsstrichen (z. B. „Foxhole Building“) kennzeichnen.

3.4.4 Richtige Konjugation englischer Verben

In den letzten Jahrzehnten sind sehr viele englische Verben in unseren Wortschatz übernommen worden und haben eine **deutsche Verbendung** bekommen. Schwierigkeiten macht dann allerdings ab und zu die Konjugation (= Beugung) dieser Verben, was ebenfalls eine häufige Fehlerquelle darstellt. Denn selbstverständlich werden die in unsere Sprache übernommenen Verben nach deutschen, und nicht nach englischen Regeln konjugiert. Fehler werden dabei häufig bei der Partizipbildung gemacht. Das Partizip bekommt im Deutschen ein ***-t*** am Wortende (und **kein *-ed*** wie im Englischen). Hier eine Konjugationstabelle häufig verwendeter Verben:

Infinitiv	**Präsens**	**Präteritum**	**Partizip Perfekt**
biken	*ich bike*	*ich bikte*	*ich habe gebikt*
bloggen	*ich blogge*	*ich bloggte*	*ich habe gebloggt*
checken	*ich checke*	*ich checkte*	*ich habe gecheckt*
designen	*ich designe*	*ich designte*	*ich habe designt* (nicht ~~*designed*~~)
dopen	*ich dope*	*ich dopte*	*ich habe gedopt*
interviewen	*ich interviewe*	*ich interviewte*	*ich habe interviewt*
jobben	*ich jobbe*	*ich jobbte*	*ich habe gejobbt*
joggen	*ich jogge*	*ich joggte*	*ich habe gejoggt*
leasen	*ich lease*	*ich leaste*	*ich habe geleast*
liken (bei Facebook)	*ich like*	*ich likte (!)*	*ich habe gelikt* (nicht ~~*geliked*~~)
managen	*ich manage*	*ich managte*	*ich habe gemanagt*
outsourcen	*ich outsource*	*ich outsourcte*	*ich habe outgesourct*
relaxen	*ich relaxe*	*ich relaxte*	*ich habe relaxt*
scrollen	*ich scrolle*	*ich scrollte*	*ich habe gescrollt*
shoppen	*ich shoppe*	*ich shoppte*	*ich habe geshoppt*
sprayen	*ich spraye*	*ich sprayte*	*ich habe gesprayt*
surfen	*ich surfe*	*ich surfte*	*ich habe gesurft*
timen	*ich time*	*ich timte*	*ich habe getimt*
tunen	*ich tune*	*ich tunte*	*ich habe getunt*
updaten	*ich update*	*ich updatete*	*ich habe upgedatet* (nicht ~~*upgedated*~~)

Sie sehen, es sind immer dieselben Formen, auch wenn uns das bei einigen Verben merkwürdig vorkommt und man gerne das englische Partizip wählen möchte, vor allem bei Verben, die noch nicht so lange in unserem Sprachgebrauch sind. Das ist aber alles Gewohnheitssache. Bei Verben aus dem Französischen (oder aus anderen Sprachen) kommt niemand auf die Idee zu schreiben: *ich habe arrangé* (statt *arrangiert*) – aus gutem Grund.

Grundsätzlich sollten Sie überlegen, ob es für fremdsprachliche Verben nicht eine gute deutsche Übersetzung gibt, wie z. B. bei *downloaden* (= *herunterladen*). Warum sollten Sie sich den Stress machen und überlegen, wie man dieses Verb konjugiert?

3.5 Die Worttrennung

Vielleicht erinnern Sie sich noch an Ihre Grundschulzeit, dort lernt man das Trennen von Wörtern mit der Klatschmethode, indem man nach einer Silbe in die Hände klatscht. Diese Methode funktioniert prinzipiell immer, sofern Sie die zusätzlichen Anmerkungen und Warnungen weiter unten beachten.

Regel

Mehrsilbige Wörter werden nach Klang getrennt, allerdings darf ein Einzelvokal nie allein stehen.

Al-ter-na-ti-ve, In-halts-stof-fe, Kis-sen, re-gel-ge-recht, über-lang (nicht: ~~ü-ber-lang~~)

Regel

Doppellaute (*ai, äu, ei, eu, ie, oi*) bleiben ungetrennt.

be-äu-gen, Boi-ler, ein-wei-sen, heu-te, Kai-ser, Lau-be, ver-mie-ten

Regel

Ungetrennt bleiben „ck“, „ch“ und „sch“.
Auch „th“, „ph“ und „rh“ bleiben ungetrennt, sofern sie für einen Konsonanten stehen.

Mü-cken-plage, auf-wa-chen, Wasch-ma-schi-ne
Fach-the-ma-tik (aber: *Macht-herr-schaft*), *Me-ta-pher* (aber: *Chip-hal-ter*), *Ge-lenk-rheu-ma* (aber: *Feu-er-holz*)

Regel

Das „ß“ wird nicht mehr aufgelöst in „ss“, sondern ist ein „emanzipierter“ Buchstabe geworden.

Grö-ße, gie-ßen, Stra-ße

Falls auf der Tastatur kein „ß“ vorhanden ist, wird das „ß“ durch „ss“ ersetzt. In diesem Fall wird nach Regel 1 (nach Klang) getrennt:

Grös-se, gies-sen, Stras-se.
Auf die gleiche Weise wird getrennt, wenn das Wort mit Großbuchstaben geschrieben wird:
GRÖS-SE, GIES-SEN STRAS-SE:
Aber nur in diesen Fällen!

Die „älteren Semester“ kennen noch den Satz:
„Trenne nie ‚*st*‘, denn es tut ihm weh.“ Dies gilt aber schon lange nicht mehr!

Regel

Das „st“ muss getrennt werden.

Fens-ter, Kas-ta-nie, Lis-te, meis-tens

Diese Regel bitte nicht stur anwenden, stattdessen unbedingt auf den Sinn achten, also nicht ~~*Fes-tan-spra-che*~~, sondern *Fest-an-spra-che*. Auch bei Fremdwörtern ist dies zu beachten: *prä-sta-bil* (nicht: ~~*präs-ta-bil*~~). Auch hierbei hilft die bekannte Klatschmethode.

Ausdrücklich warnen möchte ich vor der automatischen **Word-Silbentrennung**, die nicht einwandfrei arbeitet, so dass Fehler entstehen, die Sie selbst vielleicht gar nicht gemacht hätten. Die Hauptfehlerquellen sind Wörter mit Vorsilben, wie z. B. „ver“ (~~*vers-te-hen*~~ statt *ver-ste-hen*), zusammengesetzte Wörter (z. B. ~~*Woh-num-feld*~~ statt *Wohn-um-feld*) sowie Fremdwörter (siehe auch Anmerkung oben). Wenn Sie sich unsicher sind, schauen Sie unbedingt in einem Wörterbuch nach.

Die richtige Trennung finden Sie im **Wörterbuch**, der senkrechte Strich zeigt die Trennmöglichkeiten an. Weil auch Fremdwörter (seit der Rechtschreibreform) nach ihrem Klang getrennt werden dürfen, die „alte“ Trennmöglichkeit aber weiterhin besteht, sieht dies ab und zu etwas verwirrend aus, z. B. bei *In|te|r|es|se*. Das „r“ darf selbstverständlich nie isoliert stehen, trennen Sie entweder *In-ter-es-se* oder *In-te-res-se*, beides ist richtig.

Grundsätzlich sollten Sie **zu häufige Silbentrennungen vermeiden** und die automatische Funktion beim Schreiben ganz ausschalten. Erst wenn der Text fertig ist, nehmen Sie – falls durch den Blocksatz zu viele unschöne Lücken entstehen – **manuell sinnvolle Trennungen** vor. Sinnvoll bedeutet hier, nicht zu kleinschrittig vorgehen, nicht *Kommunikationsmit-tel*, sondern *Kommunikations-mittel*.

Wenn Sie die automatische Silbentrennfunktion ausgeschaltet haben, sollten Sie **bei der manuellen Trennung** auf jeden Fal **bedingte Trennstriche** verwenden. Einen bedingten Trennstrich erzeugt man mit der Tastenkombination: Strg-Taste + Bindestrichtaste.

Genial ist, dass der Trennstrich wie von Zauberhand wieder verschwindet, wenn Sie später etwas im Text ändern sollten.

Übung 20

Trennen Sie die folgenden Wörter, sooft dies möglich ist!

1. Amtsanmaßung: __________
2. Außenfassadenfarbe: __________
3. Bestandteil: __________
4. Echtheitsprüfung: __________
5. Entwicklungshilfeprojekt: __________
6. Fließeigenschaft: __________
7. Geldübergabetermin: __________
8. Geschäftsschließung: __________
9. Heroinsuchtgefährdete: __________
10. Katholik: __________
11. Küchenmaschinenaufsätze: __________
12. Memoiren: __________
13. Pädagogikprofessor: __________
14. Rechtschreibreform: __________
15. Schweinemasterträge: __________
16. Transformationsgrammatik: __________
17. Umsatzsteuerbefreiung: __________
18. Urangehalt: __________
19. Urängste: __________
20. Verständnis: __________

II. ZEICHENSETZUNG

4. Der Punkt .

Die wichtigste Funktion eines Punktes besteht darin, das Ende eines Satzes anzuzeigen. Daneben braucht man ihn bei als Ziffern geschriebenen Ordinalzahlen und für Abkürzungen sowie zur Kenntlichmachung, dass Buchstaben oder Wörter ausgelassen wurden.

Regel

Einen Punkt setzt man ans Ende eines Satzes.

a) Aussagesatz:
Es regnet. Die Vorlesung fällt am Mittwoch aus. Seit die Studiengebühren wieder abgeschafft wurden, nehmen wieder mehr junge Menschen ein Studium auf, auch wenn das trotz allem ein teures Vergnügen ist.

b) Aufforderungssatz, dem kein Nachdruck verliehen werden soll:
Antworten Sie bitte mit einer Mail. Melden Sie sich bis zum 1. Mai an. Siehe Seite 321.

c) Indirekte Fragesätze (s. auch Kap. 7):
Er stellte die Frage, wann die Klausur geschrieben wird. Ob man sich noch anmelden kann, wollte sie wissen. Ich frage mich, wie hoch der Preis sein wird.

Regel

Einen Punkt setzt man nach einer in Ziffern geschriebenen Ordinalzahl.

Der 2. Weltkrieg endete mit der bedingungslosen Kapitulation aller deutschen Truppen am 7. Mai 1945.
2012 feierte Elisabeth II. den 60. Jahrestag ihrer Thronbesteigung.
Angelique Kerber steht in der Weltrangliste momentan an 9. Stelle.

Regel

Einen Punkt setzt man bei vielen, aber nicht bei allen Abkürzungen.

Abb. / d. h. / Dr. jur. / etc. / f. / ff. / MwSt. / o. Ä. / sog. / u. a. / usw. / z. B.

Daneben gibt es mindestens genauso viele Abkürzungen (wie beispielsweise *cm, kg, ml, Pkw, StGB, EU,TÜV, UNO*), die ohne Punkt geschrieben werden. Hier lohnt also wieder ein Blick ins Wörterbuch.

Regel

Drei Punkte setzt man, um anzuzeigen, dass in einem Wort, Satz oder Text etwas ausgelassen wurde – dies erfolgt immer mit drei Punkten, egal wie groß die Auslassung ist.

a) Kein Leerzeichen wird vor die Punkte gesetzt, wenn in einem Wort Buchstaben ausgelassen werden:
Das war mal wieder ein besch... Tag!

b) Vor den Punkten muss ein Leerzeichen stehen, wenn Wörter bzw. Text ausgelassen wurden:
Wir werden sehen ...

c) Beim Zitieren von wissenschaftlichen Texten wird um die drei Punkte noch eine eckige Klammer gesetzt (s. Kap. 8.2):
„Förderung von Körper, Bewegung und Gesundheit [...] schließt das Wahrnehmen und Erkennen der individuellen Bedürfnisse von Kindern mit ein."

Regel

Einen Punkt setzt man ans Ende einer (wissenschaftlichen) Quellenangabe – dies gilt für Fußnoten und Angaben der Quelle in Klammern. Ebenso wird im Literaturverzeichnis am Ende einer Quellenangabe ein Punkt gesetzt.

Die Vorgaben, wie Quellenangaben, Fußnoten und Literaturverzeichnis auszusehen haben, variieren in den verschiedenen Fachbereichen stark – oftmals sogar von Lehrstuhl zu Lehrstuhl. Mehr dazu in Kapitel 17, in dem Sie Beispiele und Anleitungen finden, falls Sie keine festen Vorgaben Ihres Instituts haben. Schon an dieser Stelle: Informieren Sie sich, ob es solche Vorgaben/Anleitungen gibt, nach denen Sie sich auf jeden Fall richten sollten! **Die folgenden Beispiele sind daher ausdrücklich nur exemplarisch zu verstehen** und dienen dazu, die Punktsetzung zu verdeutlichen.

a) Quellenangabe in Klammern beim Zitat: Der Punkt steht immer ganz am Ende, und zwar hinter der Klammer (s. auch Kap. 8.1 und 17.1):
„Bildung soll und muss dazu beitragen, soziale Unterschiede auszugleichen und die Zukunftschancen jener zu verbessern, deren Ausgangsbedingungen ungünstiger sind" (zit. nach Bünder et al. 2009, S. 3).

b) Fußnoten: Am Ende der Fußnote wird ein Punkt gesetzt:
[1] *Rose/Watrin*, Umsatzsteuer, 2011, S. 115.
[2] *Vgl. Simon, Volksmedizin, 2003, S. 19.*

c) Literaturverzeichnis:
Hirte, Heribert: Kapitalgesellschaftsrecht, 7. Aufl., Köln 2012.
Schulz-Nieswandt, Frank (2004): Neue vertragliche Steuerungen als Beitrag zu einer neuen Medizinkultur. In: Die Krankenversicherung, 56 (10), S. 251-255.

Ebenso wichtig wie die Regeln, wann ein Punkt gesetzt werden muss, sind die Regeln, wann **kein** Punkt gesetzt werden darf.

Regel

Kein Punkt wird gesetzt nach freistehenden Zeilen (z. B. Überschriften und Schlagzeilen) und bei Abbildungs- und Tabellenbeschriftungen.

Fazit und Ausblick
Ukraine-Konflikt spitzt sich zu
Abbildung 7: Substratgekoppelte Cofaktorregenerierung
Tabelle 2: Ziele der Schülerinnen und Schüler im Schulsozialarbeitsprojekt

Regel

Kein (zusätzlicher) Punkt wird am Satzende gesetzt, wenn das letzte Wort eine Ordinalzahl oder eine mit einem Punkt geschriebene Abkürzung ist.

Der letzte deutsche Kaiser war Wilhelm II.
Man bekommt dort preiswerte PCs, Laptops, Tablets usw.
Die Preise gelten inklusive MwSt.
Siehe Seite 45 f.
Es gibt also – bis auf die berühmten drei Pünktchen – **immer nur einen Punkt am Ende eines Satzes**.

Regel

Kein Punkt wird bei der wörtlichen Rede in einem Aussagesatz gesetzt, wenn die wörtliche Rede in den Satz eingebettet ist oder der Begleitsatz dahinter steht.

„Deine Argumentation ist nicht richtig“, warf sie ein, „denn du übersiehst wichtige Faktoren der Problematik.“
„Wir müssen die Verhandlungen auf morgen verschieben“, sagte er und verließ den Raum.
(S. auch Kap. 13.)

Übungen finden Sie in Kapitel 15, S. 129 f.

5. Das Semikolon ;

Das Semikolon (= der Strichpunkt) nimmt eine Mittelstellung zwischen Komma und Punkt ein und dient der Strukturierung. Nach dem Setzen eines Semikolons schreibt man immer klein weiter. Es ist kein zwingendes, sondern immer **ein fakultatives Zeichen**. Dementsprechend gibt es keine festen Regeln, sondern nur Anwendungsbereiche:

1. **Herstellung von Sinneinheiten bei längeren Aufzählungen:**
   Die Landwirte ernten in der Region Gerste, Roggen und Weizen; Kartoffeln, Zuckerrüben und Sellerie; Erdbeeren und Pflaumen.
   Statt der Semikolons könnten auch Kommas stehen.

2. **Abgrenzung von gleichrangigen (nebengeordneten) Teilsätzen oder Wortgruppen:**
   Setzt man es, drückt man einen geringeren Grad der Abgrenzung aus als mit einem Punkt und einen höheren Grad der Abgrenzung als mit einem Komma:
   Die zuständigen Behörden übermitteln die angeforderten Daten erst nach einer entsprechenden Anfrage; die Daten sind also nicht für alle beteiligten Behörden frei verfügbar.
   Statt des Semikolons könnte ein Komma stehen, aber auch ein Punkt, dann müsste selbstverständlich groß weitergeschrieben werden.

3. **Verwendung bei Quellenangaben:**

- Fußnoten: *Vgl. Schliesky, DVBl. 2005, 887; vgl. auch Boehme-Neßler, NVwZ 2007, 650.*
- Literaturverzeichnis: *Mayer, Elmar; Liessmann, Konrad; Mertens, Hans Werner: Kostenrechnung – Grundwissen für den Controllerdienst, 7. Auflage, Stuttgart: Schäffer-Poeschel, 2006.*

Für das Literaturverzeichnis empfehle ich – falls Sie keine anderen Vorgaben haben – statt eines Semikolons Schrägstriche einzusetzen, dies dient der besseren Lesbarkeit (s. Kap. 9 und Kap. 17.2).

Übungen finden Sie in Kapitel 15, S. 129 f.

6. Das Ausrufezeichen !

Regel

Ein Ausrufezeichen setzt man, wenn man dem Satz einen besonderen Nachdruck verleihen will, z. B. bei Befehlen, Aufforderungen, Bitten, Wünschen und Ausrufen.

Lassen Sie das sofort los! Ausfahrt unbedingt freihalten! Bitte nicht stören! Viel Glück und Gesundheit! Es war einfach wunderbar!

Regel

Auch nach einem stark verkürzten Satz, der eine wichtige Mitteilung transportieren soll, setzt man ein Ausrufezeichen.

Streng vertraulich! Vorsicht, bissiger Hund! Heute gratis! Oh! Igitt! Pst!

Regel

Ein Ausrufezeichen steht bei freistehenden Zeilen, z. B. bei Überschriften und Buchtiteln.

Wir sind Weltmeister – der vierte Stern! Nicht ohne meinen Kater!

Regel

Ein Ausrufezeichen kann bei Anreden gesetzt werden, wenn es sich um Rundbriefe, Rundmails, Ansprachen oder Flyer handelt – aber nur dann.

Hallo Erstsemester! Herr Präsident, sehr geehrte Damen und Herren! Liebe Bürger und Bürgerinnen!

Vorsicht: Bei Anreden in Briefen oder Mails setzt man ein Komma ans Ende:

Sehr geehrte Frau Blum,
Hallo Lisa,

Regel

Kein Ausrufezeichen setzt man, wenn man Aufforderungen *keinen* besonderen Nachdruck verleihen will.

Schicken oder faxen Sie Ihre Anmeldung. Melden Sie sich bis Ende der Woche.

Besonderheit: Eingeklammertes Ausrufezeichen:
Man verwendet das eingeklammerte Ausrufezeichen, um eine besondere Hervorhebung zu kennzeichnen. Vor und nach der Klammer muss ein Leerzeichen stehen.
Es kam zur Explosion, weil er Wasser (!) auf das brennende Öl gegossen hatte.
Sie musste im Skilift bei Eiseskälte eine ganze Nacht (!) auf ihre Rettung warten.

Übungen finden Sie in Kapitel 15, S. 129 f.

7. Das Fragezeichen ?

Regel

Ein Fragezeichen setzt man ans Satzende einer Frage.

Welche Auswirkungen hat die Klimaerwärmung?
Hat der Braunkohleabbau ausgedient?
Werden in Zukunft alle Atomkraftwerke abgeschaltet?

Regel

Ein Fragezeichen steht auch, wenn keine Antwort erwartet wird, also bei Höflichkeitsfragen und/oder bei rhetorischen Fragen.

Können Sie bitte die Tür schließen?
Machen wir nicht alle mal Fehler?

Regel

Ein Fragezeichen steht auch bei Aussagesätzen, denen ein Fragewort vor- oder nachgestellt ist.

Was, du kannst dich nicht mehr erinnern?
Sie meinen das nicht ernst, oder?
Solche Fragezusätze werden übrigens mit Komma abgetrennt, dazu später mehr.

Regel

Ein Fragezeichen steht bei freistehenden Zeilen, z. B. bei Überschriften und Buchtiteln sowie bei freistehenden Aufzählungen.

Chancen für den Atomausstieg?
Wer hat Angst vor Virginia Woolf?
Wir müssen bis Ende der Woche klären:
Woher bekommen wir die nötigen Informationen?
Wer übernimmt die Präsentation?
Wen laden wir persönlich zur Veranstaltung ein?

Regel

Kein (!) Fragezeichen, sondern ein Punkt steht bei indirekten Fragesätzen.

Sie fragte, ob er morgen vorbeikommt.
Er wollte wissen, wie das alles passieren konnte.
Wir müssen noch nachfragen, bis wann das Protokoll fertig sein soll.
Ein Fragezeichen wird allerdings gesetzt, wenn der Gesamtsatz eine Frage ist: *Können Sie mir sagen, wie ich zum Prüfungsamt komme?*

Besonderheiten

- **Eingeklammerte Fragezeichen:**
  Man verwendet das eingeklammerte Fragezeichen, um unbewiesene oder unglaubwürdige Aussagen zu kennzeichnen. Vor und nach der Klammer muss ein Leerzeichen stehen.
  Geboren wurde Kaspar Hauser am 30. April 1812 (?) in der Nähe von Nürnberg.
  Die Frau behauptet, die Handtasche gefunden (?) zu haben.

- **Kombination von Frage- und Ausrufezeichen:**
  Man verwendet diese Kombination hauptsächlich in der gesprochenen Sprache, es ist eine mit Nachdruck geäußerte (meist rhetorische) Frage.
  Kannst du diesmal pünktlich sein?!
  Wie darf ich das bitte verstehen?!

Übungen finden Sie in Kapitel 15, S. 129 f.

8. Die Klammern ( ) [ ]

Klammern dienen generell dazu, Nachträge und Ergänzungen vorzunehmen. Man unterscheidet runde und eckige Klammern, die teils ähnliche, teils andere Aufgaben erfüllen.

8.1 Runde Klammern

Mit runden Klammern können Zusätze jeglicher Art abgetrennt werden, dies können Zahlen, einzelne Wörter, halbe oder ganze Sätze sein. Das erste Wort in der Klammer wird kleingeschrieben, außer es handelt sich um ein Nomen oder eine Nominalisierung. Nach der öffnenden und vor der schließenden Klammer wird kein Leerzeichen gesetzt.
Bitte seien Sie pünktlich (um 14 Uhr) im Seminarraum.
Das Bild zeigt Frau Dr. Müchner (2. Reihe, ganz links) und Herrn Dr. Blum (vorne rechts) mit ihrer Forschungsgruppe.
Paula Schmitz (22) hat die beste Bachelorarbeit ihres Jahrgangs geschrieben.
Die Universität hat ihm den (erschlichenen) Doktortitel aberkannt.
Viel mehr Studenten müssen heute (im Gegensatz zu früher) neben ihrem Studium jobben.
Tobias (er hat noch nicht alle seine Prüfungen bestanden) bekommt eine Festanstellung bei XY.

Kombination von runder Klammer mit Punkt, Frage- oder Ausrufungszeichen:
Es wird kein Punkt innerhalb der Klammer gesetzt, auch wenn es sich um einen ganzen Satz handelt (siehe den „Tobias-Satz" oben). Es besteht aber die Möglichkeit, innerhalb der Klammer ein Frage- oder Ausrufezeichen zu platzieren:
Die verlorengeglaubten Schriften (aus dem ausgehenden 8. Jahrhundert?) sind teilweise wieder aufgetaucht.
Dies gilt (leider!) nur unter ganz bestimmten Bedingungen.

Es ist möglich, auch innerhalb eines Wortes eine Ausklammerung vorzunehmen, dann setzt man (meist) einen Bindestrich in die Klammer; hinter der schließenden Klammer steht dann kein Leerzeichen.
Die (Konflikt-)Parteien sind zu keinem Entschluss gekommen.
Der Vortrag war gespickt mit (pseudo-)wissenschaftlichen Aussagen.
Es gibt (T-)Shirts in allen Farben.

Vorteile der Klammersetzung:

Bei Nachträgen und Zusätzen ist der Einsatz von runden Klammern sinnvoll, um z. B. eine Häufung von Kommas zu vermeiden. Denn in manchen Sätzen, in denen viele Zusätze gemacht werden (müssen), stören extrem viele Kommas sowohl den Lesefluss als auch das Satzverständnis.

Die Landwirte ernten Getreide (Gerste, Roggen und Weizen), Gemüse (Kartoffeln, Zuckerrüben und Sellerie) und Obst (Erdbeeren und Pflaumen).

Statt der Klammern müssten sonst Kommas stehen, das sähe dann so aus:

Die Landwirte ernten Getreide, Gerste, Roggen und Weizen, Gemüse, Kartoffeln, Zuckerrüben und Sellerie, und Obst, Erdbeeren und Pflaumen.

Sie sehen, das ist sehr unübersichtlich.

Zudem haben Sie auf diese Weise einige Fehlerquellen und Schwierigkeiten bei der Kommasetzung umschifft, beispielsweise die Problematik, wann vor „und" ein Komma gesetzt wird und wann nicht.

Ohne Klammern: *Dies ist relevant, um den Vorgang einerseits für den Unternehmer als Selbstinformation, sog. internes Rechnungswesen, und andererseits für Adressaten außerhalb des Unternehmens, sog. externes Rechnungswesen, transparent zu machen.*

Mit Klammern: *Dies ist relevant, um den Vorgang einerseits für den Unternehmer als Selbstinformation (sog. internes Rechnungswesen) und andererseits für Adressaten außerhalb des Unternehmens (sog. externes Rechnungswesen) transparent zu machen.*

Bei längeren und/oder komplizierteren Sätzen besteht ein **weiterer Vorteil der Klammersetzung** darin, dass das Gehirn die Zusatzinfo in der Klammer zwar aufnimmt, durch die Ausklammerung aber gleichzeitig auf das Wesentliche konzentriert bleibt. Der Satzinhalt kann so besser verstanden und verarbeitet werden, wodurch sich Informationen allgemein leichter und besser erfassen lassen.

Tipp

>> Benutzen Sie häufiger bei Nachträgen und Zusätzen runde Klammern, um Ihre Texte lesefreundlicher zu gestalten und gleichzeitig selbst weniger Probleme mit der Kommasetzung zu haben.

Runde Klammern bei Quellenangaben:
Runde Klammern werden in wissenschaftlichen Texten zur Quellenangabe verwendet (s. auch Kap. 17.1). In diesem Fall wird der **Punkt immer hinter die Klammer** gesetzt. Ein Punkt, der im Original den Satz beendet, entfällt dann:
„Bildung soll und muss dazu beitragen, soziale Unterschiede auszugleichen und die Zukunftschancen jener zu verbessern, deren Ausgangsbedingungen ungünstiger sind“ (zit. nach Bünder et al. 2009, S. 3).

8.2 Eckige Klammern

Eckige Klammern werden hauptsächlich im wissenschaftlichen Schreiben beim Zitieren verwendet und erfüllen dort verschiedene Funktionen.

- Sie dienen dazu, in einem **Zitat** kenntlich zu machen, dass ein **Wort, Satz oder mehrere Sätze ausgelassen** wurden. Der weggelassene Teil wird mit drei Punkten innerhalb der eckigen Klammer gekennzeichnet:
  „Denn richtig ist die Einsicht, dass die Form der Novelle nicht als eine idealtypisch aufgegebene zeitlose Form, sondern als eine jeweils zeitbedingte [...] Form betrachtet werden muss.“

- Sie zeigen an, dass dem **Originaltext etwas hinzugefügt** wurde, das nicht oder nicht an dieser Stelle vorhanden ist:
  „Bei unserem Julchen [Thomas Manns Schwester Julia, Anm. d. Verf.] reichten Verstand und Lebensinhalt nicht hin.“
  „[Es ist eine] Tatsache, dass über 70 % der Weltbevölkerung mehrsprachig ist.“

- Sie können verwendet werden, um **Wörter oder Begriffe näher zu erläutern**:
  „Diese Leistungshonorierung [finanzielle Gratifikationen oder mehr Urlaubstage, Anm. d. Verf.] soll dazu beitragen, die Mitarbeiter länger an das Unternehmen zu binden und eine höhere Identifikation mit dem Unternehmen zu erzielen.“

- **Ein „sic“ in eckigen Klammern** zeigt an, dass in einem zitierten Text ein Fehler, z. B. ein Druckfehler, vorhanden ist. Sic (lateinisch) bedeutet „tatsächlich so / genau so“. Sie zeigen damit, dass Sie nicht falsch zitiert haben, sondern dass es eben genau so im Original steht:
  „In einem weiteren Schritt werden die jeweilige [sic] Überschneidungen gefiltert.“

Übungen finden Sie in Kapitel 15, S. 129 f.

9. Der Schrägstrich /

Der Schrägstrich kennzeichnet, dass Wörter, Abkürzungen oder Zahlen zusammengehören, und stellt eine Verbindung her.

Regel

Der Schrägstrich fungiert bei der Angabe von Größen- und Zahlenverhältnissen im Sinne von „pro“.

34 €/Nacht (= 34 € pro Übernachtung)
340 Einwohner/km² (= auf einem Quadratkilometer leben 340 Einwohner)

Regel

Der Schrägstrich weist auf eine Alternative hin und fungiert im Sinne von „oder“.

Geben Sie Ihre Festnetznummer und/oder Handynummer an. (Bedeutung: entweder die Festnetznummer und die Handynummer angeben oder nur eine von beiden)

Regel

Der Schrägstrich stellt eine Verbindung von Personen, Orten oder Institutionen her.

Als Redner waren geladen: Frau Dr. May/Bonn, Herr Prof. Dr. Henkel/Regensburg und Herr Dr. Lehmann/Hamburg.
Die Laufgemeinschaft „Qualmende Socke“/Brunsbüttel gewann das Rennen.
Die geplante Fraktionssitzung der CDU/CSU fiel aus.

Regel

Der Schrägstrich dient dazu, kalendarische Zeiträume anzugeben.

Ende April/Anfang Mai, im Wintersemester 2015/2016, das Kinoprogramm Mai/Juni

Regel

Der Schrägstrich dient dazu, mehrere gleichberechtigte Möglichkeiten anzugeben.

Lehrer/-innen (alle anderen Schreibweisen sind im Übrigen falsch, wie z. B. ~~Lehrer/innen~~ oder ~~LehrerInnen~~)

Im Regelfall werden keine **Leerzeichen** vor und hinter den Schrägstrich gesetzt. Nur in Ausnahmefällen können Schrägstriche zur besseren Lesbarkeit (z. B. bei **Quellenangaben in Fußnoten oder im Literaturverzeichnis**) auch mit Leerzeichen verwendet werden:
Mayer, Elmar / Liessmann, Konrad / Mertens, Hans Werner: Kostenrechnung – Grundwissen für den Controllerdienst, 7. Auflage, Stuttgart: Schäffer-Poeschel, 2006.

Grundsätzlich wichtig dabei ist, dass entweder beide Leerzeichen gesetzt werden oder keins.

Übungen finden Sie in Kapitel 15, S. 129 f.

10. Der Bindestrich -

Der Bindestrich (auf der Tastatur rechts unten) dient dazu, (Wort-)Bestandteile miteinander zu verbinden – daher der Name. Der Bindestrich ist heutzutage grundsätzlich flexibler einsetzbar, sollte aber auf keinen Fall übertrieben verwendet werden, was leider immer häufiger geschieht. Die falsche Anwendung dieses Zeichens hat ihm schon den Namen „Deppenbindestrich“ beschert – schauen Sie mal im Netz, dort finden Sie unter diesem Namen, wie man es auf keinen Fall machen darf, auch das kann hilfreich sein.

Wörter (z. B. Komposita), die schon verbunden sind, können nie mit Bindestrich geschrieben werden, denn in der Regel ergeben sie einen neuen Begriff, wie beispielsweise *Tischtuch* oder *Betttuch* – beides sind Tücher, aber jeweils besonderer Art. Hier kann man keinen Bindestrich setzen. Ebenso wenig setzt man einen Bindestrich, wenn Wörter schon mit einem sog. Fugen-s verbunden sind (z. B. *Mittag**s**pause, Wissen**s**durst*). Wie der Begriff deutlich macht, fügt das Fugen-s zwei Wörter zusammen, die zusammengehören. Ausnahmen bilden Wortverbindungen mit mehr als zwei Bestandteilen, das sehen Sie gleich unten.

Grundsätzlich existieren genaue und klare Regeln, wann der Bindestrich gesetzt werden **muss** und wann er gesetzt werden **kann**. Die Kann-Regelungen dienen vor allem der Lesefreundlichkeit der Wörter, die evtl. schlecht auf einen Blick erfassbar wären – dazu später.
Die **Muss-Regeln** im Einzelnen:

Regel

Der Bindestrich *muss* gesetzt werden bei Aneinanderreihungen von mehr als zwei Wörtern. Ein Grundwort, das immer an letzter Stelle steht, wird durch mehrere Bestimmungswörter näher bestimmt.

Rhein-Mosel-Halle (das Grundwort *Halle* wird ergänzt durch die Wörter *Rhein* und *Mosel*)
Magen-Darm-Erkrankung (das Grundwort *Erkrankung* wird genauer bestimmt durch *Magen* und *Darm*)
Hals-Nasen-Ohren-Arzt (das Grundwort *Arzt* wird präzisiert durch sein Fachgebiet)

Preis-Leistungs-Verhältnis (*Verhältnis* zwischen *Preis* und *Leistung*), hier wird trotz des Fugen-s ein Bindestrich gesetzt, was bei Zusammensetzungen mit nur zwei Wörtern nicht der Fall ist.

Diese Regel gilt ebenso für **Kombinationen mit Fremdwörtern**, auch wenn das im Herkunftsland des Wortes so nicht existiert: In einem deutschen Text gelten die deutschen Regeln, deshalb:
Key-Account-Manager, New-Orleans-Jazz, Abend-Make-up, Latte-macchiato-Glas

Regel

Der Bindestrich *muss* gesetzt werden bei Straßennamen, die Eigennamen beinhalten, sowie bei den meisten geografischen Zusammensetzungen.

Johann-Sebastian-Bach-Straße, Friedrich-Ebert-Ring, Albrecht-Dürer-Allee, Immanuel-Kant-Platz, Baden-Württemberg, Rheinland-Pfalz, Sachsen-Anhalt

Die **Schreibung von Eigennamen** folgt nicht immer den Regeln. Zusammensetzungen aus Eigennamen und Nomen zur Benennung von Schulen, Universitäten, Betrieben, Firmen und ähnlichen Institutionen werden so geschrieben, wie sie amtlich festgelegt und eingetragen sind. Dies differiert sehr stark, hier einige Beispiele:
Heinrich-Heine-Universität, Anna Herrmann Schule, Schiller-Gymnasium, Schillertheater

Dies gilt auch für geografische Eigen- bzw. Städtenamen, z. B. *Marktredwitz, Markt Schwaben.*

In diesen Fällen befragt man am besten die Internetseite der Institution oder der Stadt bzw. Region, die man sucht.

Regel

Der Bindestrich *muss* gesetzt werden in Zusammensetzungen von Wort und Zahl/Ziffer – dies gilt aber nur, wenn die Zahl vor dem Wort steht.

100-prozentig, 18-jährig, der 20-Jährige, 3-stellig, 3/4-Takt
aber: *Nummer 4, Trick 17* (kein Bindestrich!)

Vorsicht: Ebenfalls kein Bindestrich steht bei Kombinationen aus Zahl/ Ziffer und einem Suffix (= Nachsilbe), hier wird einfach aneinandergefügt: *eine 100stel (= hundertstel) Sekunde, die 68er (= Achtundsechziger), 7%ige (= siebenprozentige) Lösung*

Ausnahme, wenn das Suffix mit einem Einzelbuchstaben verbunden ist: *zum x-ten Mal, die n-te Potenz*

Regel

Der Bindestrich *muss* gesetzt werden in Zusammensetzung mit Abkürzungen, also eine Abkürzung kombiniert mit einem Wort.

E-Mail (nur diese Schreibweise ist richtig!),*.Fugen-s, Film-DVD, H-Milch, HNO-Arzt, Kfz-Steuer, T-Shirt, US-amerikanisch*
Es spielt keine Rolle, ob die Abkürzungen aus kleinen oder großen Buchstaben bestehen. Ebenfalls unwichtig ist, an welcher Stelle die Abkürzung steht.

Regel

Der Bindestrich *muss* gesetzt werden, wenn die Zusammensetzung aus mehr als zwei Teilen besteht (vgl. Regel 1), auch wenn die Kombination aus Zahl, Abkürzung und Wort besteht (der Fachbegriff dazu lautet übrigens Durchkopplung).

5-€-Schein, 80-kg-Bombe, 100-m-Lauf
Aber selbstverständlich ohne Bindestrich: *5 €, 80 kg, 100 m*

Regel

Der Bindestrich *muss* gesetzt werden bei nominal verwendeten Zusammensetzungen (Aneinanderreihungen), besonders bei Infinitiven mit mehreren Bestandteilen, auch hier wird durchgekoppelt.

das Sowohl-als-auch, zum Aus-der-Haut-Fahren, das Auf-die-lange-Bank-Schieben

Wie Sie sehen, ist die Bindestrichschreibung recht einfach, die Groß-Kleinschreibung kann da schon eher Probleme bereiten ... Ich rate grundsätzlich von solchen „Wortungetümen“ ab, formulieren Sie besser anders.

Einfache nominale Aneinanderreihungen werden immer in einem Wort geschrieben: *das Zustandekommen, beim Sichausweinen, die Alleinreisende*

Regel

Der Bindestrich *muss* gesetzt werden bei Wortkombinationen zur Vermeidung von Wiederholungen; der Fachbegriff lautet Ergänzungsstrich, der mit dem Bindestrich identisch ist.

vor- und zurückgehen, saft- und kraftlos, Groß- und Einzelhandel, Betriebseinnahmen und -ausgaben, Glasperlen und -kugeln

Vorsicht: Wenn der Ergänzungsstrich vor dem Wort steht, setzt das Textverarbeitungsprogramm Word häufig automatisch einen längeren Strich (das ist aber der Gedankenstrich, dazu kommen wir später). Dies ist falsch, also korrigieren Sie das manuell zurück in einen Binde- bzw. Ergänzungsstrich.

Zwei Besonderheiten:

Für **Kombinationen mit zwei Fremdwörtern** gibt es leider keine festen Regeln (im Gegensatz zur Kombination mit drei Fremdwörtern, siehe Regel 1). Einige zweigliedrige Fremdwörter werden mit, andere ohne Bindestrich geschrieben:

Make-up, Key-Account, Know-how (auch Zusammenschreibung möglich: *Knowhow*), aber: *Electronic Banking, High Society, Latte macchiato, Lean Management*

Hier lohnt sich auf jeden Fall ein Blick in ein deutsches (!) Wörterbuch.

Bei manchen Zusammensetzungen markiert das Setzen oder Nichtsetzen eines Bindestrichs eine jeweils **andere Bedeutung des Gesamtausdrucks**, z. B.:

Er ist deutschamerikanischer Abstammung (= er ist Amerikaner deutscher Abstammung).

Die deutsch-amerikanische Freundschaft (= die Freundschaft zwischen Deutschland und Amerika) *hat unter der NSA-Affaire gelitten.*

Sie hat graublaue Augen (= die Augen sind weder grau noch blau, sondern eine Mischung daraus).

Sein Pulli ist grau-blau gestreift (= im Pulli sind beide Farben nebeneinander vorhanden).

Tipp

Für die Farben gilt: Ohne Bindestrich ergibt sich eine Mischfarbe, mit Bindestrich sind die Farben getrennt voneinander vorhanden.

Neben den Muss-Regeln gibt es seit der Rechtschreibreform auch einige Kann-Bestimmungen, die Sie grundsätzlich sparsam anwenden sollten.

Eines schon vorweg: Sie können alle im Folgenden aufgeführten Beispiele auch in einem Wort zusammenschreiben.

Die **Kann-Regeln** im Einzelnen:

Regel

Ein Bindestrich *kann* gesetzt werden, wenn ein Bestandteil der Zusammensetzung betont oder hervorgehoben werden soll.

Ich-Erzählung, Kann-Bestimmung, Ego-Trip, dass-Satz, be-greifen (letztes Beispiel nur in einer stilistischen Hervorhebung, in der es um die Betonung des Begreifens durch das Greifen geht, z. B.: *Babys lernen im Spiel, die Welt zu be-greifen.*

Regel

Ein Bindestrich *kann* bei unübersichtlichen Zusammensetzungen gesetzt werden und dient dann der besseren Lesbarkeit.

Umsatzsteuer-Tabelle, Haftpflicht-Versicherungsgesellschaft, mathematisch-technische Assistentin, Motorrad-Lederhandschuhe

Wichtig ist hierbei, dass der Bindestrich nicht an beliebiger Stelle stehen kann, sondern nur genau an der obengenannten. Falsch wäre z. B. ~~*Umsatz-Steuertabelle*~~, denn die Umsatzsteuer ist ein fester Begriff, genauso verkehrt wäre ~~*Motor-Radlederhandschuh*~~ etc.

Regel

Ein Bindestrich *kann* gesetzt werden zur Vermeidung von Missverständnissen.

Logikersatz: Logiker-Satz vs. *Logik-Ersatz,*
Druckerzeugnis: Druck-Erzeugnis vs. *Drucker-Zeugnis*
Solche Beispiele sind in der Regel „an den Haaren herbeigezogen", denn innerhalb eines Satzes wird der Sinn des Wortes sicherlich eindeutig sein. Auch diese Kann-Regel ist mit äußerster Vorsicht zu behandeln!

Regel

Ein Bindestrich *kann* in Ausnahmefällen gesetzt werden, wenn in einem Kompositum drei gleiche Buchstaben aufeinanderfolgen.

Ballett-Truppe, Hawaii-Inseln, See-Elefant, Zoo-Ornithologe
Anmerkung: Prinzipiell ist dies unnötig, auch der DUDEN rät von dieser Schreibweise ab.

Tipp

Bitte denken Sie daran: Was erlaubt ist, ist noch lange nicht sinnvoll! Halten Sie sich an die Muss-Bestimmungen, alles andere bringt einen nur auf „dumme Ideen" – und ist wenig hilfreich.

Übungen finden Sie in Kapitel 15, S. 129 f.

11. Der Gedankenstrich –

Eines vorweg: Der Gedankenstrich ist länger als der Binde-, Ergänzungs- oder Trennstrich. Er befindet sich **nicht auf der Tastatur** und muss deshalb gesondert eingegeben werden. Bei einigen Word-Versionen (nicht bei allen) lässt sich der Gedankenstrich mit einer Tastenkombination (Shift + Strg + -) erzeugen. Ansonsten suchen Sie nach dem Fachbegriff „Halbgeviertstrich" (unter „Symbole/Sonderzeichen"), dort finden Sie dann auch die entsprechende Tastenkombination Ihrer Word-Version.

Der Gedankenstrich ist **kein Muss-Zeichen**, sondern ein Zeichen, mit dem man einen Satz besser strukturieren, lesefreundlicher gestalten sowie Akzente setzen kann. Dabei erfüllt er verschiedenartige Funktionen, denen allen ein gewisses Innehalten im Lese- und Gedankenfluss gemeinsam ist – genau aus diesem Grund heißt er Gedankenstrich.

Seine Hauptfunktion besteht darin, Einschübe oder Nachträge gut sichtbar zu machen oder einen Themenwechsel anzuzeigen. Der Gedankenstrich kann auch häufig dann stehen, wenn eigentlich Kommas zur Abtrennung nötig wären, was bei einem komplizierten Satz besonders angezeigt sein kann.

Im Folgenden erfahren Sie, wann und wozu man den Gedankenstrich (noch) einsetzen kann, man unterscheidet dabei den einfachen und den paarigen Gedankenstrich.

Der einfache Gedankenstrich

- **kann verwendet werden, um etwas Unerwartetes oder eine wichtige Zusatzinformation folgen zu lassen:**
  Mit Freude hat sie ihr Studium begonnen – plötzlich packt sie ihre Sachen und verschwindet nach Thailand.
  Nach der OP schien alles bestens verlaufen zu sein – ein tragischer Irrtum.
  Die Heizung fiel 16 Stunden aus – und das bei minus 4° C Außentemperatur.
  Der Europäische Gerichtshof (EuGH) wird über diese letzte Frage entscheiden müssen – nicht zuletzt auf Bitten des Bundessozialgerichts.
  Entgegen seiner Namensgebung eignet sich dieses Segment somit nicht zur Kapitalaufnahme durch kleinere Unternehmen – zumindest nach westlichem Verständnis.

- **kann zwischen einzelnen Wörtern stehen, um zu strukturieren und/oder Aufmerksamkeit zu erregen:**
  Die Macht der Gedanken – Übungen zum positiven Denken
  12 Stunden – der Lifting-Effekt hält an

- **kann benutzt werden, um zeitliche Abläufe anzuzeigen:**
  Milch ins Glas – Pulver zugeben – umrühren – fertig!

- **kann zwischen zwei Sätzen stehen, um einen Themenwechsel deutlich zu machen:**
  Hier die Termine für Mai. – Die Problematik mit den Büchern klären wir später.

- **kann im Literaturverzeichnis eingesetzt werden, z. B. um einen Untertitel oder Zusatz anzuzeigen** (s. auch Kap. 17.2):
  Nauwerck, Patricia: Zweisprachigkeit im Kindergarten – Konzepte und Bedingungen für das Gelingen. Freiburg im Breisgau 2005.
  Rose, Gerd / Watrin, Christoph: Ertragsteuern – Einkommensteuer, Körperschaftsteuer, Gewerbesteuer, 20. Auflage, Berlin 2013.

Der paarige Gedankenstrich:
Wie der Name andeutet, handelt es sich um zwei (= ein Paar) Gedankenstriche. Sie grenzen Einschübe und Zusatzinformationen ab und sind geeignet, diese besonders hervorzuheben. Der entscheidende **Vorteil** besteht darin, dass – gerade bei längeren und komplizierteren Sätzen – wichtige Informationen nicht so schnell überlesen werden. Vorteilhaft kann auch sein, dass einige Kommas dadurch entfallen, was sowohl das Schreiben als auch das Lesen vereinfacht:
Auf der Messe wurden viele Neuheiten – besonders aus den USA – präsentiert.
Wir beide – du und ich – gehören doch einfach zusammen!
Johannes Gutenberg – der Erfinder der Buchdruckerkunst – stammt aus Mainz.
Ihre Forderung – um das noch einmal zu betonen – ist völlig überzogen.
Somit haben die gelieferten Ergebnisse des Qualitätsmanagements eine hohe Aussagekraft, die – sofern sie die Bemessungsgrundlage der (variablen) Vergütung gewesen wären – einen starken Einfluss auf diese gehabt hätten.

An allen Stellen, an denen hier ein Gedankenstrich gesetzt wurde, müsste sonst ein Komma stehen. Sie sehen selbst, dass es sich mit Gedankenstrichen besser lesen lässt – ist aber auch ein wenig Geschmackssache.

Der Gedankenstrich kann mitunter auch dann stehen, wenn kein Komma gesetzt werden dürfte (!):
Der Autor vertritt die – zugegebenermaßen verführerische – These, dass sich Probleme von selbst erledigen.
Hier gilt die – je nach Einkommensverhältnissen variierende – Regelung des Eigenbehalts.

Wichtig: Bei diesen Beispielen dürfen die Gedankenstriche nicht durch Kommas ersetzt werden! Denn das Attribut (*verführerische* bzw. *variierende*) steht direkt vor dem Bezugsnomen (*These* bzw. *Regelung*), was eine Kommasetzung unmöglich macht. Ohne Gedankenstriche geht es nur folgendermaßen:
Der Autor vertritt die zugegebenermaßen verführerische These, dass sich Probleme von selbst erledigen.
Hier gilt die je nach Einkommensverhältnissen variierende Regelung des Eigenbehalts.

Gedankenstriche können also bei Nachträgen, Einschüben und Zusätzen notwendige Kommas ersetzen – dies gilt aber nicht automatisch im Umkehrschluss!

Übungen finden Sie in Kapitel 15, S. 129 f.

12. Der Doppelpunkt :

Der Doppelpunkt ist ein sogenanntes Ankündigungszeichen. Er steht, wenn etwas Weiterführendes angekündigt wird, z. B. bei

- **Aufzählungen:**
  Wir bestellen folgende Teile: Antriebswelle, Rücklicht, Vorderbremse.

- **Erläuterungen:**
  Fahr vorsichtig: Es könnte glatt sein auf den Straßen.

- **Ankündigungen:**
  Konzert der Rheinischen Philharmonie am 1.12.2014:
  Ludwig van Beethoven, Sinfonie Nr. 1 in C-Dur op. 21

- **Zusammenfassungen:**
  Fazit aus den Berechnungen: Ein Neubau ist weitaus kostengünstiger als eine Restaurierung des Gebäudes.

- **Satzstücken und Einzelwörtern:**
  Statusmeldung: bedingt geeignet
  Familienstand: ledig

- **Der Doppelpunkt steht vor wörtlich wiedergegebenen Äußerungen oder Textstellen:**
  Sie fragte: „Wie lange muss ich auf das Ergebnis warten?“
  Nach § 404 BGB gilt: „Der Schuldner kann dem neuen Gläubiger die Einwendungen entgegensetzen, die zur Zeit der Abtretung der Forderung gegen den bisherigen Gläubiger begründet waren.“

- **Der Doppelpunkt wird gesetzt, um ein Verhältnis zwischen Ziffern anzuzeigen, man liest ihn als „zu“:**
  Der 1. FC Köln hat 2 : 1 gegen Borussia Dortmund gespielt.
  Die Karte hat den Maßstab 1 : 100 000.
  In diesem Fall muss vor und nach dem Doppelpunkt ein Leerzeichen stehen.

Rechtschreibproblematik: Groß- oder Kleinschreibung nach dem Doppelpunkt?

Viele sind sich unsicher, ob man nach einem Doppelpunkt groß oder klein weiterschreibt, obwohl es einfache und klare **Regeln** dazu gibt.

Regel

Man schreibt nach dem Doppelpunkt groß, wenn

- **wörtliche Rede folgt:**
  Er rief: „Schöne Aussicht hier!“

- **ein Ganzsatz folgt:**
  Beachten Sie folgenden Hinweis: Im Winter werden die Wege bei Schnee nicht geräumt!

Regel

Man schreibt nach dem Doppelpunkt klein, wenn **nur ein Wort oder ein unvollständiger Satz folgt**:
Englisch: gut
Beachten Sie bitte folgenden Hinweis: keine Schneeräumung im Winter!

Tipp

>> Folgt nach einem Doppelpunkt ein **G**anzsatz (= mindestens Subjekt + Prädikat), wird **g**roßgeschrieben:
Folgt nach einem Doppelpunkt nur ein Wort oder Teilsatz, wird kleingeschrieben, sofern das Wort normalerweise kleingeschrieben wird.

Übungen finden Sie in Kapitel 15, S. 129 f.

13. Die Anführungszeichen „ “ und ‚ ‘

Anführungsstriche erfüllen mehrere Funktionen. Zum einen werden sie bei der wörtlichen Rede gebraucht. Zum anderen verwendet man sie zur Kennzeichnung von Wörtern und (ungewöhnlichen) Begriffen, Buchtiteln oder Titeln anderer Medien. Zudem macht man mit Anführungsstrichen kenntlich, dass man fremdes Gedankengut wiedergibt.

Im Deutschen wird das erste (anführende) Anführungszeichen immer unten gesetzt, nie oben. Dies gilt auch, wenn Sie eine angloamerikanische Quelle zitieren – in einem deutschen Text gelten die deutschen Zeichensetzungsregeln!

Anführungszeichen schließen etwas wörtlich Wiedergegebenes ein.
Der Sprecher kann dabei an unterschiedlichen Stellen im Satz stehen, das hat Auswirkungen auf weitere Zeichen wie den Doppelpunkt, das Komma und die Platzierung des Punktes. Wichtig ist außerdem, ob es sich um einen Aussagesatz, eine Frage oder einen Ausruf handelt, denn auch dies wirkt sich auf die Anordnung anderer Zeichen aus.

Man unterscheidet dementsprechend folgende Fälle:

- **Aussagesatz, der Sprecher steht davor:** Vor der direkten Rede steht ein Doppelpunkt und der Schlusspunkt vor dem schließenden Anführungszeichen:
  Er erläuterte: „Von nun an werden wir neue Bedingungen schaffen.“

- **Aussagesatz, der Sprecher steht dahinter:** Nach der wörtlichen Rede wird ein Komma gesetzt, anschließend wird der Sprecher genannt:
  „Ich verstehe das nicht“, sagte sie.
  Wichtig: Beim Aussagesatz entfällt der Punkt innerhalb der wörtlichen Rede. Dies hängt damit zusammen, dass es **immer nur einen Punkt** in einem Satz geben kann (s. auch Kap. 4.) und dieser steht am Ende des ganzen Satzes.

- **Aussagesatz, der Sprecher ist in die wörtliche Rede eingebettet:** Nach der ersten wörtlichen Sequenz und vor der zweiten wird jeweils ein Komma gesetzt, der Sprecher steht in der Mitte:
  „Wir haben vor, das neue Verfahren einzuführen“, bestätigte der Vorstandssprecher, „nur der Termin steht noch nicht fest.“

- **Fragesatz, der Sprecher steht davor:** Vor der direkten Rede steht ein Doppelpunkt und am Ende ein Fragezeichen vor dem schließenden Anführungszeichen:
  Sie fragte: „Wann ist der Prüfungstermin?“

- **Fragesatz, der Sprecher steht dahinter:** Vor das schließende Anführungszeichen wird das Fragezeichen gesetzt, dann folgt ein Komma und danach der Sprecher:
  „Warum dürfen wir nicht noch bleiben?“, bettelten die Kinder.

- **Ausruf, der Sprecher steht davor:** Vor der direkten Rede steht ein Doppelpunkt und am Ende ein Ausrufezeichen vor dem schließenden Anführungszeichen:
  Er jubelte laut: „Ich hab's endlich geschafft!“

- **Ausruf, der Sprecher steht dahinter:** Vor das schließende Anführungszeichen wird das Ausrufezeichen gesetzt, dann folgt ein Komma und danach der Sprecher:
  „Ihr kommt jetzt sofort her!“, rief sie den Kindern zu.

Anführungszeichen kennzeichnen bestimmte Wörter, Begriffe, Buchtitel oder Titel anderer Medien:

- **Mit Anführungszeichen kann man Ironie ausdrücken:**
  Unglaublich, ich habe „nur“ die zweitbeste Klausur von 155 Klausuren geschrieben.
  Die Anführungsstriche machen deutlich, dass der Sprecher nicht arrogant ist, sondern den Satz augenzwinkernd meint. Wäre er über sein Klausurergebnis betrübt, müsste er die Anführungszeichen weglassen.

- **Mit Anführungsstrichen werden Begriffe eingeführt und/oder definiert:**
  Der Begriff „Migration“ ist durch seine Mehrdimensionalität nicht einfach zu definieren.
  In den 1980er Jahren prägte Gro Harlem Brundtland den Begriff der „nachhaltigen Entwicklung“, worunter eine Entwicklung zu verstehen ist, „die den Bedürfnissen der heutigen Generation entspricht, ohne die Möglichkeiten künftiger Generationen zu gefährden, ihre eigenen Bedürfnisse zu befriedigen und ihren Lebensstil zu wählen“.

- **Anführungsstriche kennzeichnen Buchtitel und Titel anderer Medien oder Medien selbst:**
  Das Buch „Der Fundamentalist, der keiner sein wollte" ist trotz seiner irritierend-provozierenden Aussagen unglaublich poetisch geschrieben.
  Die Ausstellung „Ludwig goes Pop" wurde zu einem Zuschauermagnet.
  Seit 1971 begeistert „Die Sendung mit der Maus" Kinder und Erwachsene.
  „DIE ZEIT" gibt es schon lange auch online.
  Bei Zeitungsnamen kann der Artikel auch außerhalb der Anführungszeichen stehen: *Ich lese häufiger die „ZEIT". In der „ZEIT" habe ich einen interessanten Artikel gelesen.*

- **In wissenschaftlichen Texten kennzeichnen die Anführungsstriche, dass Wörter oder Sätze zitiert werden, also fremdes Gedankengut wiedergegeben wird:**
  Ausschlaggebend ist hier, ob das Internet als „privilegierende Ressource" (Zillien 2006, S. 85) genutzt wird oder nicht.
  Handschuck/Schröer verstehen unter interkultureller Orientierung „eine sozialpolitische Haltung von Personen bzw. Institutionen, die anerkennt, dass unterschiedliche Gruppen mit unterschiedlichen Interessen in einer Stadtgesellschaft leben" (Handschuck/Schröer 2002, S. 512).
  Das modulare Logistiksegment ist seitens der in der Produktion und Logistik eingesetzten technischen Verfahren „durch größenbedingte Produktivitätsvorteile einerseits und durch qualitative Flexibilitätsnachteile andererseits gekennzeichnet" (Klaas 2002, S. 298).

  Wichtig: Enthält der zitierte Satz wiederum ein Zitat, setzt man es in **einfache Anführungsstriche:**
  Shamon betont, dass in der „von Jasso skizzierten ‚primitiven Welt' [...] die Verteilung der Gerechtigkeitsbewertungen lediglich von der Verteilung des quantitativen Gutes [...] und nicht von dessen Gesamtbetrag" abhängt (Shamon 2011: Gerechtigkeitsbewertungen, S. 14).
  Es kann sogar vorkommen, dass **drei Anführungsstriche** stehen müssen, wenn das Zitat im Zitat unmittelbar am Anfang oder Ende des Zitats steht. Dies sieht dann folgendermaßen aus:
  „Da ist zum einen der abwegige Anspruch des Patriarchen Photios auf politische und kulturelle Suprematie [...]; zum anderen die vom Gesandten Kaiser Ottos I., Liutprand von Cremona, geäußerte Verachtung und Verärgerung über ‚die Griechen'" (Haldon 2002: Das Byzantinische Reich, S. 194).

Weitere Hinweise zum richtigen Zitieren und den dafür wichtigen Zeichen finden Sie in Kapitel 17.1.

Übungen finden Sie in Kapitel 15, S. 129 f.

14. Der Apostroph: ’

Der Apostroph befindet sich auf der Tastatur in der Mitte ganz rechts auf derselben Taste wie das #-Zeichen und darf nicht verwechselt werden mit den Akzenten, die in der oberen Leiste zu finden sind.

Der Apostroph wird gesetzt, um anzuzeigen, dass in einem Wort ein oder mehrere Buchstaben ausgelassen wurden – so die Definition.

Vorsicht, dies gilt nicht im Umkehrschluss! Nicht immer, wenn ein oder mehrere Buchstaben ausgelassen werden, wird auch ein Apostroph gesetzt. Es gibt – im Gegensatz zu dem, was man heutzutage überall lesen kann – nur sehr wenige streng definierte Fälle, in denen der Apostroph stehen muss bzw. darf. Dies erfahren Sie nun im Einzelnen.

Regel

Der Apostroph *muss* gesetzt werden bei einem Eigennamen im Genitiv, aber nur, wenn dieser vorangestellt ist und der Eigenname auf *-s, -ss, -ß, -tz, -x oder -z* endet.
Alle drei Bedingungen (Eigenname, vorangestellter Genitiv und obengenannte Endbuchstaben) müssen gleichzeitig erfüllt sein!

Aristoteles’ Schriften, Grass‘ letzter Roman, Strauß‘ Opernkompositionen, Felix’ Freunde, Ringelnatz’ Gedichte, Heinz’ Beförderung

Regel

Kein Apostroph darf gesetzt werden, wenn der Eigenname im Genitiv nachgestellt ist.

das Leben des Heiligen Johannes, der 18. Geburtstag unseres Max

Regel

Der Apostroph *kann* gelegentlich in Firmenschildern bei Eigennamen zur Unterscheidung stehen.

Sie sehen schon an der Formulierung, dass der Gebrauch sehr eingeschränkt möglich ist. Dies betrifft Namen, die verwechselt werden könnten, wie

Andrea – Andreas, Carlo – Carlos, Luca – Lucas
Zur Verdeutlichung:
Carlos' Imbiss (= der Besitzer heißt Carlos → der Apostroph *muss* stehen)
Carlo's Imbiss (= der Besitzer heißt Carlo → der Apostroph *kann* stehen)

Regel

Der Apostroph *kann* (in der Umgangssprache!) bei einigen wenigen Auslassungen gesetzt werden.

Wie geht's dir? Schick doch mal 'ne SMS! Im Schatten kann man's aushalten.

Da bei der Apostrophsetzung extrem viele **Fehler** gemacht werden, finden Sie im Folgenden die Fälle, in denen der Apostroph definitiv falsch ist, damit Sie dies **unbedingt vermeiden:**

- **Kein Apostroph steht bei Namen im Genitiv, außer wenn sie auf die Buchstaben -s, -ss, -ß, -tz, -x oder -z enden.**

Richtig	Falsch
Deborahs Ohrringe	~~Deborah's~~ Ohrringe
Picassos Bilder	~~Picasso's~~ Bilder
Walsers Romane	~~Walser's~~ Romane

- **Kein Apostroph steht, wenn (in der Umgangssprache) beim Verb das -e in der 1. Person Singular weggelassen wird.**
  Ich hab(e) Durst und hol(e) mir jetzt ein Bier, Schnaps lass(e) ich besser sein.

- **Kein Apostroph steht beim Imperativ.**
  Lass das sein! Geh doch weg! Hab doch wieder Mut!
  In älteren Werken lesen Sie hier ab und zu einen Apostroph. Dies hängt damit zusammen, dass der Imperativ noch vor ca. 60 Jahren anders gebildet wurde, nämlich mit einem -e dahinter: *Habe doch wieder Mut!* Dies wurde aber in der gesprochenen Sprache auch damals meist weggelassen und deshalb ein Apostroph angehängt. Das gilt heute nicht mehr!

- **Kein Apostroph steht bei einer Zusammenfügung aus Präposition und Artikel.**

aufs (= *auf das*), nicht ~~*auf's*~~; *fürs* (= *für das*), nicht ~~*für's*~~; *übers* (= *über das*), nicht ~~*über's*~~; *unterm* (= *unter dem*), nicht ~~*unter'm*~~

- **Kein Apostroph steht bei Pluralen, auch nicht bei Abkürzungen im Plural.**
  Halteplatz für Taxis, nicht ~~*Taxi's*~~; *alles für Babys*, nicht ~~*Baby's*~~, *fünfzig E-Mails*, nicht ~~*E-Mail's*~~; *größere PCs*, nicht ~~*PC's*~~; *brandneue CDs*, nicht ~~*CD's*~~

- **Kein Apostroph steht bei Jahreszahlen, wenn das Jahrhundert weggelassen wird.**
  im September 14 (für *2014*), nicht ~~*'14*~~

Übungen finden Sie im Anschluss auf S. 129 f.

15. Gemischte Übungen zu Kapitel 4 bis 14

Übung 21

Zu allen behandelten Zeichen der Kapitel 4 bis 14:
Setzen Sie richtig ein (manchmal gibt es auch mehrere Lösungsmöglichkeiten)!

1. Ferien in Bergheim Elsass immer ein Genuss
2. Das nächste Mal klappt es bestimmt versicherte sie ihm
3. Bitte schreiben Sie nur auf DIN A 4 Bogen
4. In § 28 StGB heißt es Wer eine Tat begeht die durch Notwehr geboten ist handelt nicht rechtswidrig
5. Ich habe gestern Agnes Tasche in der Bibliothek gefunden
6. Morgen weht hier ein anderer Wind betonte der neue Abteilungsleiter
7. Jan fragte wann die Klausur geschrieben wird
8. Mitarbeiter und Mitarbeiterinnen sind zu vielen Kompromissen bereit vorausgesetzt das Betriebsklima stimmt
9. Sie fliegt vom Rhein Main Flughafen direkt auf eine Hawaii Insel
10. Der Unfall ereignete sich bei Glatteis die Rettungsarbeiten waren dadurch besonders schwierig
11. Wir mahnen Sie zum letzten Mal
12. Die Hintergründe dieser eindrucksvollen Effizienzsteigerung im Entwicklungsprozess liegen in der Nutzung der Mechanismen der Interaktiven Wertschöpfung Reichwald Piller Interaktive Wertschöpfung 2009 S 116
13. Können Sie mir sagen wie spät es ist
14. Bin mit 190 km h über die Autobahn plötzlich eine Nebelwand
15. Glaub mir tröstete sie ihre Freundin bald scheint auch für dich wieder die Sonne
16. Die Reise war ein einziger Traum
17. Die Einführung eines milliardenschweren Betreuungsgeldes wäre hingegen ein Rückschritt und würde wichtige Ziele der Bildungs Haushalts und Familienpolitik gefährden warnte Dr. Dieter Hundt
18. Für ABC Waffen werden mehr Kontrollen gefordert
19. Er lebt nach dem Motto Leben und leben lassen
20. Hast du s jetzt kapiert
21. Julia fragte Was kostet der Schnitt in Andrea s Haarstudio

22. Die Asiaten vor allem die Chinesen werden wirtschaftlich immer stärker
23. Der demografische Wandel wird die wichtigste Herausforderung des 21 Jh
24. Ihr 20 jähriger Sohn macht gerade einen Highschool Abschluss
25. Claudia s Pizza vor allem die Pizza Siciliana schmeckt am besten
26. 60 % iger Alkohol haut ganz schön rein
27. Freie Träger der Jugendhilfe können etablierte Wohlfahrtsverbände z B Deutscher Caritasverband Diakonisches Werk oder Jungendverbände z B Evangelische Jugend Deutschlands Deutscher Pfadfinderbund sein
28. Die Gewinnchance liegt bei 1 400000
29. Liebe Erstis
30. Sehr geehrte Frau Müller
31. Der Kölner Stadt-Anzeiger schrieb Der Besuch Barack Obama s in Berlin war für ihn ein voller Erfolg und für die deutsch amerikanischen Beziehungen wertvoll
32. Der junge Angeklagte 17 senkte den Kopf
33. Er las den Artikel Deutschland in der globalisierten Welt und machte sich Notizen
34. Simon Dario Tülay und Lena alle Namen der Schüler geändert kommen häufig ohne Frühstück zur Schule
35. Jetzt stimmt s

16. Kommasetzung

Im Folgenden nun alles Wissenswerte über die Kommasetzung, die im Deutschen in den meisten Bereichen grammatisch gesteuert ist und sprachlogischen Prinzipien folgt. Daher ist häufig grammatikalisches Grundwissen erforderlich. In der Regel werden die nötigen Grammatikgrundlagen direkt im jeweiligen Kommakapitel erläutert. Wenn Sie weitere Fragen haben, schauen Sie in die Minigrammatik im Anhang und/oder in ein Grammatikbuch.

16.1 Komma bei Aufzählungen

Beim Schreiben benutzen wir häufig Aufzählungen – dies können einzelne Wörter sein, aber auch Wortgruppen oder gar ganze Sätze, die aneinandergereiht werden sollen. Um mehrere Elemente aufzuzählen, haben wir verschiedene Möglichkeiten: Man kann Konjunktionen (z. B. *und, bzw., aber auch, teils – teils*) benutzen oder stattdessen – meist aus stilistischen Gründen – Kommas setzen. Prinzipiell ist die Kommasetzung in diesem Bereich recht einfach.

Zu beachten sind jedoch **zwei Phänomene**: So kann die Kommasetzung bei der **Aufzählung von Attributen** Probleme bereiten, da hierbei auf den Satzsinn geachtet werden muss, der darüber entscheidet, ob ein Komma stehen darf oder nicht. Zudem ist wichtig zu wissen, bei welchen **Konjunktionen**, die der Aufzählung dienen, ein Komma gesetzt werden muss und bei welchen kein Komma gesetzt werden darf – dazu später eine Liste.

> **Regel**
>
> Grundsätzlich gilt, dass Elemente einer Aufzählung mit Komma(s) abgetrennt werden.

- **Wörter eines Satzteils:**
  Subjekte: *Hamburg, Hannover, Düsseldorf, Köln sind bekannte Messestädte.*
  Prädikate: *In Bad Ems kann man kuren, inhalieren, wandern, gut essen.*
  Objekte: *Credit Points gibt es für Klausuren, Präsentationen, Protokolle, Referate.*

Adverbiale: *Opa nahm die Pillen morgens, mittags, abends.*
Attribute: *Der See schillerte in prächtigen, bunten, leuchtenden Farben.*

- **Wortgruppen:**
  Er hatte keine Wohnung, keine Arbeit, kein Geld, keine Hilfe.
  Du solltest einen Zeitplan aufstellen, in der Bibliothek recherchieren, Literatur zusammenstellen.
  Sie hatte schon viele Jobs: in der Disko, bei McDoof, als Taxifahrerin etc.

- **Infinitivgruppen** (s. auch Kap. 16.4):
  Im Urlaub besteht mein Plan darin, lange zu schlafen, gut zu frühstücken, viel Sport zu machen.

Für alle Kommas in den obigen Beispielen könnte man auch „und" einsetzen.

Regel

Nicht gleichrangige Attribute werden *nicht* mit Komma abgetrennt.

Entscheidend ist hierbei das Wort „gleichrangig". Denn manchmal handelt es sich bei einer Reihung von mehreren Attributen gar nicht um eine echte Aufzählung, sondern ein Attribut erklärt ein anderes näher – dann darf kein Komma gesetzt werden. Attribute sind dann **nicht gleichrangig**, wenn sie **unterschiedliche Bezugswörter** haben:
In Deutschland gibt es bundeseinheitliche gesetzliche Feiertage.

Erklärung: *bundeseinheitliche* bezieht sich nicht direkt auf *Feiertage*, sondern auf *gesetzliche Feiertage* (als ein Gesamtbegriff). Der Satz kann nicht lauten: ~~*In Deutschland gibt es bundeseinheitliche und gesetzliche Feiertage*~~. Die beiden Attribute sind also **nicht gleichrangig**, deshalb **kein** Komma.

bundeseinheitliche — gesetzliche Feiertage

Manche Pflanzen besitzen einen wissenschaftlich nachgewiesenen gesunden Effekt.

Erklärung: Der gesunde Effekt ist wissenschaftlich nachgewiesen, nicht: ~~Der Effekt ist gesund und nachgewiesen und wissenschaftlich~~. Die Attribute sind also nicht gleichrangig, deshalb kein Komma.

(wissenschaftlich nachgewiesener) (gesunder Effekt)

Und hier sind wir schon bei den entscheidenden Hinweisen und Tipps, wie man **testen** kann, ob eine Gleichrangigkeit vorliegt oder nicht.

Tipp

>> Ein Komma wird gesetzt, wenn man stattdessen auch ein „und" einsetzen könnte – und der Satz sinnvoll bleibt.

Tipp

>> Ein Komma wird gesetzt, wenn man die Attribute vertauschen kann, ohne dass sich der Sinn ändert.

Schauen wir uns zum Vergleich dazu noch einmal das Beispiel von Regel 1 an: *Der See schillerte in prächtigen, bunten, leuchtenden Farben.*

(prächtige), (bunte), (leuchtende) (Farben)

Hier können Sie, ohne dass sich der Sinn verändert, die Attribute vertauschen:

(bunte), (prächtige), (leuchtende) (Farben)

(leuchtende), (bunte), (prächtige) (Farben)

usw.

Statt der Kommas können Sie auch „und" einsetzen. Testergebnis: eindeutig eine Aufzählung.

Es gibt aber auch **Fälle, in denen das nicht so eindeutig ist.** Hier muss der Schreibende selbst bestimmen, ob es sich um eine Aufzählung handeln soll oder nicht. Dabei muss unbedingt bedacht werden, dass das Komma über den Satzsinn entscheidet.

Mittlerweile gibt es neue, energiesparende Verfahren zur Wasseraufbereitung.

Bedeutung: Es gibt neue Verfahren zur Wasseraufbereitung und es gibt energiesparende Verfahren zur Wasseraufbereitung.

Mittlerweile gibt es neue energiesparende Verfahren zur Wasseraufbereitung.

Bedeutung: Es gibt unter den energiesparenden Verfahren zur Wasseraufbereitung nun neue Verfahren.

neue , energiesparende Verfahren

oder

neue energiesparende Verfahren

Wie oben schon erwähnt, können Kommas auch durch „und" ersetzt werden, woraus sich im Rückschluss ergibt, dass man bei einer Aufzählung vor „und" kein Komma setzt. Diese Regel betrifft auch die nebengeordneten Konjunktionen in folgender Regel.

Regel

Elemente einer Aufzählung werden **nicht mit Komma abgetrennt**, wenn sie verbunden werden mit folgenden nebengeordneten Konjunktionen: *und, sowie* (= Synonym für *und* !), *sowohl – als auch, entweder – oder, weder – noch, oder, beziehungsweise (bzw.* = Synonym für *oder*!).

Daneben gibt es Konjunktionen, die ebenfalls eine Aufzählung einleiten, aber **mit Komma** abgetrennt werden müssen.

Regel

Elemente einer Aufzählung werden **mit Komma abgetrennt**, wenn sie eingeleitet werden mit folgenden Konjunktionen: *einerseits – andererseits, zum einen – zum anderen, teils – teils, nicht nur – sondern auch, aber (auch), zwar – aber, sondern (auch,) jedoch, doch, allerdings, vielmehr, wenn auch, je – desto.*

Da hier oftmals Fehler gemacht werden, wieder eine Tabelle, die das Lernen und Merken erleichtern soll:

Konjunktionen ohne Komma	**Konjunktionen mit Komma**
und	einerseits , andererseits
sowie	zum einen , zum anderen
sowohl als auch	teils , teils
entweder oder	nicht nur , sondern auch
weder noch	, aber (auch)
oder	zwar , aber (auch)
beziehungsweise (bzw.)	je , desto
	, (je)doch
	, allerdings
	, vielmehr

Vorsicht ist jedoch geboten, wenn **vor einer Konjunktion** ohne Komma **ein Nebensatz** (s. Kap. 16.3) steht – in diesem Fall muss selbstverständlich ein Komma gesetzt werden. Der Nebensatz ist in den Beispielen unterstrichen:

Er rief sehr laut, damit die Retter ihn hören konnten, und gestikulierte wild am Fenster.

Kommen Sie vorbei, wenn Sie Zeit haben, oder rufen Sie mich an.

Tipp

>> Das Komma steht *nicht vor* „und" bzw. „oder", *sondern hinter* dem Nebensatz.

Regel

Zur Verstärkung verwendete Wortwiederholungen müssen mit Komma abgetrennt werden.

Sie wurde plötzlich sehr, sehr müde.
Ich wünsche dir alles, alles Gute!
Und dann gab es nur noch Panik, Panik, Panik.

Übung 22

Setzen Sie die notwendigen Kommas.

1. Es geschah an einem herrlich sonnigen Sommertag.
2. Die schnellen wendigen spanischen Spieler bereiteten der verunsicherten deutschen Mannschaft oft Schwierigkeiten.
3. Teils hat der Vortrag überzeugt teils blieben noch zu viele Fragen offen.
4. Der militärische Konflikt ist für diese Region sowohl menschlich als auch wirtschaftlich eine Katastrophe.
5. Ich habe schlecht geschlafen bin dauernd aufgewacht oder hatte Albträume.
6. Der Erlass hat weitreichende soziale Auswirkungen.
7. Kennst du auch dieses nette italienische Restaurant?
8. Sie war im Dom im Museum Ludwig sowie in der Philharmonie.
9. Wir wünschen euch fröhliche entspannte Festtage!
10. Das Unternehmen investiert einerseits in Südafrika andererseits auch im Nahen Osten.
11. Er liebt vor allem große blonde Frauen.
12. Die Wirtschaftspolitik muss unbedingt auf eine gesunde finanzielle Struktur des Staatshaushalts achten.
13. Ihr Kleid war rot kurz und ärmellos.
14. Ich habe weder Lust zu putzen noch zu bügeln.
15. Seine Darstellung war interessant aber auch sehr konfus.
16. Der Aufsatz beschäftigt sich mit sehr speziellen juristischen Fragestellungen.
17. Auf der Schmuckbörse gab es viele kunstvoll geschliffene Steine.
18. Je länger ich darüber nachdenke desto unsicherer werde ich.
19. Die müden durstigen und entkräfteten Wanderer wurden gerettet.
20. Der Erfolg hängt sowohl von der Strategie als auch von der momentanen konjunkturellen Lage ab.
21. Sein Auftreten war nicht nur sehr elegant sondern er hatte auch die richtige Ausstrahlung.
22. Im Koffer fand die Polizei dreißig gefälschte deutsche Ausweise.
23. Beim BAföG wird nach Schulen Schularten bzw. Art der Ausbildung unterschieden.
24. Die Thesen sind zum einen detailliert zum anderen zu kompliziert.
25. Die neuen vertraglich geregelten Einzelheiten wurden verschickt.
26. Entweder entscheidest du dich jetzt oder wir lassen es bleiben.
27. Ich drücke dir ganz ganz fest die Daumen!

16.2 Komma bei Hauptsätzen

Regel

Besteht ein Satz aus zwei (oder mehreren) Hauptsätzen, die aneinandergereiht sind, müssen sie jeweils mit einem Komma abgetrennt werden.

New York war vollkommen eingeschneit, der Verkehr kam zeitweise völlig zum Erliegen, Millionen von Menschen waren betroffen.
Komm am Wochenende zu mir, lass uns gemeinsam wegfahren!
War er freundlich zu dir, hat er dir zugehört, habt ihr euch wieder versöhnt?

Regel

Ist ein Hauptsatz in einen anderen Satz eingeschoben, muss er in Kommas eingeschlossen werden.

Aus diesem Grund darf, dies betont der Autor ausdrücklich, nicht voreilig geurteilt werden.
Wir gingen spazieren, es war mitten im Sommer, und diskutierten über den Bericht.

Statt der Kommas wären hier auch Gedankenstriche denkbar und sinnvoll (siehe dazu Kap. 11).

Ein endgültiges Ergebnis liegt noch nicht vor, d. h., wir werden vorerst keine Entscheidung treffen können.

Auch „das heißt (d. h.)" ist ein zwar kurzer, aber vollständiger Hauptsatz, der mit Kommas abgetrennt werden muss.

Regel

Sind zwei Hauptsätze durch „und" miteinander verbunden, *kann* (zur Strukturierung) ein Komma gesetzt werden.

Was in der alten Rechtschreibung ein Muss war, ist seit der Rechtschreibreform eine Kann-Bestimmung, die nur in Ausnahmefällen angewendet werden sollte, z. B.:

Die Kommasetzung ist bedauerlicherweise ein sehr vernachlässigter Bereich in der Rechtschreibung(,) und in der Schule werden die Regeln nur noch selten vermittelt.

Nicht sinnvoll wäre die Kommasetzung in folgenden Beispielen:
Die Firma war bankrott und das Insolvenzverfahren wurde eingeleitet.
Der Sturm fegte über die Stadt und die Feuerwehr war im Dauereinsatz.

Tipp

>> Grundsätzlich werden Wörter, Wortgruppen oder (Haupt-)Sätze nicht mit Komma abgetrennt, wenn sie mit *und, sowie* (= Synonym für *und*), *sowohl – als auch, entweder – oder, weder – noch, oder, beziehungsweise (bzw.* = Synonym für *oder*) verbunden sind (vgl. Kap. 16.1, Regel 3).

Regel

Vor unvollständigen Hauptsätzen muss ein Komma gesetzt werden. Unvollständig bedeutet, dass meist aus stilistischen Gründen ein Teil einer Phrase nicht wiederholt wird.

Julia studierte ein Semester in Frankreich, Antje zwei Semester in China.
Heute habe ich keine Lust mehr auf Disko, morgen vielleicht.
Ich habe gestern den Film gesehen, gefiel mir überhaupt nicht.

Übungen finden Sie im Anschluss an das Kapitel 16.3 auf S. 146 ff.

16.3 Komma bei Nebensätzen

Regel

Nebensätze werden grundsätzlich mit Komma vom Hauptsatz abgetrennt.

Da in diesem Bereich der Kommasetzung meist größere Unsicherheiten bestehen, wird in diesem Kapitel das Phänomen Nebensatz ausführlich beleuchtet – hierbei geht es nicht ganz ohne Grammatik. Wenn Sie Begriffe nicht (mehr) genau kennen, schauen Sie in die Mini-Grammatik im Anhang.

Nebensätze weisen **bestimmte Merkmale** auf – kennt man diese, erleichtert das automatisch das Setzen der notwendigen Kommas:

1. Nebensätze (= NS) stehen in Begleitung eines Hauptsatzes (= HS):
   Vitamin C ist gesund (= HS), *weil es vor einigen Krankheiten schützt* (= NS).
2. In Nebensätzen steht das finite Verb am Satzende (Ausnahmen bilden uneingeleitete Nebensätze, siehe etwas weiter unten).
   Vitamin C ist gesund, weil es vor einigen Krankheiten schützt.
3. Nebensätze werden in den meisten Fällen eingeleitet:

- mit einem **Relativpronomen** (= Relativsatz), wie z. B. *der / die / das / welcher / welche / welches*:
  Mario bestand die mündliche Prüfung (= HS), *die nicht zu schwer war* (= NS).
  Sabrina vermisst ihr neues Smartphone (= HS), *welches ihr wohl aus der Tasche gefallen ist* (= NS).
  In manchen Fällen steht vor dem Relativpronomen zusätzlich noch eine Präposition:
  Mario bestand die mündliche Prüfung (= HS), *für die er viel gelernt hatte* (= NS).

- mit **Fragepronomen**, wie z. B. *wer / was / wann / wo / wie / warum / wieso / weshalb:*
  Wir müssen schnell herausfinden, wer uns bei der Präsentation helfen kann.
  Alex kann immer machen, was er will.
  Weißt du, wann die Klausur geschrieben wird?
  Ich habe keine Ahnung, wo ich meine Schlüssel hingelegt habe.
  Der Tumor war doch nicht so groß, wie man zunächst vermutet hatte.
  Tanja hatte keine Erklärung dafür, warum/wieso/weshalb ihr plötzlich schwindlig wurde.

- mit einer **untergeordneten Konjunktion**, wie z. B. *als / da / dass / indem / nachdem / obwohl / um / weil / wenn:*
  Er erschrak, als es plötzlich dunkel wurde.
  Sie wusste genau, dass es nicht leicht werden würde.
  Sie können die Verpackung öffnen, indem Sie zuerst den Silberfaden ziehen.
  Der Prozess wurde fortgesetzt, nachdem die wichtigsten Zeugen ihre Aussagen gemacht hatten.
  Ich komme später vorbei, obwohl ich nicht viel Zeit habe.
  Das Lernen der Regeln ist sinnvoll, um endlich fehlerfrei zu schreiben.
  Wir können heute nicht mehr weggehen, weil es mir sonst zu spät wird.
  Er wird morgen aus dem Krankenhaus entlassen, wenn die Blutwerte in Ordnung sind.

Tipp

>> Relativpronomen, Fragewörter und untergeordnete Konjunktionen sollten Ihnen als Signalwörter dienen, um zu prüfen, ob hier ein Nebensatz beginnt, der mit Komma abgetrennt werden muss.

In den oben aufgeführten Beispielen steht der Nebensatz hinter dem Hauptsatz. Selbstverständlich kann der **Nebensatz auch vor dem Hauptsatz** stehen, was sich zwar auf die Wortfolge von Subjekt und Prädikat im Hauptsatz auswirkt, an der Kommasetzung aber nichts ändert:
Als es plötzlich dunkel wurde, erschrak er.
Dass es nicht leicht werden würde, wusste sie genau.
Weil es mir sonst zu spät wird, können wir heute nicht mehr weggehen.
Wenn die Blutwerte in Ordnung sind, wird er morgen aus dem Krankenhaus entlassen.

Tipp

>> Wenn der Nebensatz am Satzanfang steht und mit einer untergeordneten Konjunktion eingeleitet ist, suchen Sie das finite Verb des Nebensatzes, denn unmittelbar danach wird das Komma gesetzt, das den Neben- vom Hauptsatz trennt.

Wie in Tipp 1 erwähnt, ist es hilfreich, auf die sogenannten Nebensatz-Signalwörter (Relativpronomen, Fragepronomen und untergeordnete Konjunktionen) zu achten, die anzeigen, dass ein Nebensatz beginnt.

In manchen Fällen kann die Konjunktion allerdings auch weggelassen werden, es handelt sich dann um sogenannte **uneingeleitete Nebensätze.** Ein uneingeleiteter Nebensatz basiert jedoch auf einem eingeleiteten Nebensatz – allerdings fällt erstens die Konjunktion weg und zweitens steht das finite Verb ausnahmsweise nicht an letzter Stelle.

Der Wortfolge nach sehen uneingeleitete Nebensätze entweder wie Haupt- oder wie Fragesätze aus. Im Zusammenhang mit dem vor- bzw. nachgeschalteten Satz zeigt sich jedoch, dass sie aus „echten" Nebensätzen (mit Konjunktion) entstanden sind und sich in solche umformen lassen. An der Kommasetzung ändert sich durch die Umformung nichts.

Uneingeleitete Nebensätze existieren bei folgenden vier Nebensatzarten:

- **Der dass-Satz** kann auch ohne die Konjunktion „dass“ gebildet werden. Das Verb steht dann (wie bei einem Hauptsatz) an zweiter Stelle:
  Im Polizeibericht steht (= HS), *der Unfall ist eindeutig aus Unachtsamkeit passiert* (= NS).
  ↔ *Im Polizeibericht steht* (= HS), *dass der Unfall eindeutig aus Unachtsamkeit passiert ist* (= NS).
  Sie ist sich sicher (= HS), *die Vorlesung fällt am Mittwoch aus* (= NS).
  ↔ *Sie ist sich sicher* (= HS), *dass die Vorlesung am Mittwoch ausfällt* (= NS).

- **Die indirekte Rede** kann ebenfalls ohne die Konjunktion „dass“ gebildet werden. Bei der indirekten Rede steht das Verb im Nebensatz übrigens im Konjunktiv I.:
  Merkel äußerte, eine Waffenruhe in der Ukraine müsse schon als Erfolg gewertet werden.
  ↔ *Merkel äußerte, dass eine Waffenruhe in der Ukraine schon als Erfolg gewertet werden müsse.*
  Professor Ulrich Hamm erläutert, das Öko-Plus bei Biolebensmitteln müsse unbedingt kommuniziert werden.
  ↔ *Professor Ulrich Hamm erläutert, dass das Öko-Plus bei Biolebensmitteln unbedingt kommuniziert werden müsse.*

- **Konditionalsätze (Wenn-dann-Beziehung)** können auch ohne Konjunktion (*wenn / sofern / sobald / falls*) gebildet werden, der Nebensatz steht dann in Vorderstellung. Dadurch verändert sich die Stellung des Verbs, das ausnahmsweise nicht an letzter, sondern an erster Stelle steht – an der Kommasetzung ändert das jedoch nichts:
  Ist das Wetter warm (= NS), *gehen wir ins Schwimmbad* (= HS).
  ↔ *Wenn das Wetter warm ist* (= NS), *gehen wir ins Schwimmbad* (= HS).
  Liegt genug Schnee (= NS), *fahren wir zum Rodeln.*
  ↔ *Sofern genug Schnee liegt* (= NS), *fahren wir zum Rodeln* (= HS).
  Liegt das Ergebnis vor (= NS), *werden Sie sofort informiert* (= HS).
  ↔ *Sobald das Ergebnis vorliegt* (= NS), *werden Sie sofort informiert* (= HS).
  Werden die Klausuren bis Mitte März geschrieben (= NS), *können wir noch in Urlaub fahren* (= HS).
  ↔ *Falls die Klausuren bis Mitte März geschrieben werden* (= NS), *können wir noch in Urlaub fahren* (= HS).

- **Konzessivsätze (Einräumungssätze)** können auch ohne Konjunktion (*obwohl / obgleich*) gebildet werden, der Nebensatz steht dann in Vorderstellung. Dadurch verändert sich die Stellung des Verbs, das ausnahmsweise nicht an letzter, sondern an erster Stelle steht – an der Kommasetzung ändert das jedoch nichts:
  Waren die ersten Messergebnisse auch nicht gut (= NS), *das Experiment wurde dennoch durchgeführt* (= HS).
  ↔ *Obwohl die ersten Messergebnisse nicht gut waren* (= NS), *wurde das Experiment dennoch durchgeführt* (= HS).

Regel

Wird ein Nebensatz in einen Hauptsatz eingeschoben, wird der Nebensatz stets in Kommas eingeschlossen.

Das Paket (= Beginn des HS), *das Ihnen nicht zugestellt werden konnte* (= NS), *wurde beim Nachbarn abgegeben* (= Beendigung des HS).
Die Bilanzen wurden (= Beginn des HS), *wie der Prüfer vermutet hatte* (= NS), *seit Jahren gefälscht* (= Beendigung des HS).
Ihr Wunsch (= Beginn des HS), *dass es dieses Jahr zu Weihnachten schneit* (= NS), *hat sich wieder nicht erfüllt* (= Beendigung des HS).
Er ging vor die Kneipentür (= HS), *weil er rauchen wollte* (= NS), *und traf dort einen früheren Freund* (= Fortführung des HS).
Die Ergebnisse der Studie sind nicht aussagekräftig genug (= HS), *weil die Versuchsgruppe viel zu klein war* (= NS), *und können daher hier nicht berücksichtigt werden* (= Fortführung des HS).
Eventuell kann ich dir mein Auto leihen (= HS), *falls die Bahn wieder streikt* (= NS), *oder ich fahre dich zur Uni* (= Fortführung des HS).

Wie Sie sehen, wird in den letzten drei Beispielen vor „und“ bzw. „oder“ ein Komma gesetzt, weil hier der Nebensatz endet. Wenn man es genau betrachtet, steht das Komma also nicht vor „und“ bzw. „oder“, sondern hinter dem eingeschobenen Nebensatz!

Es kommt auch vor, dass **mehrere Nebensätze hintereinanderstehen und/oder ineinandergeschoben** sind – so ergeben sich sogenannte **Schachtelsätze**. Generell sollte man die Verwendung von Schachtelsätzen vermeiden, was allerdings nicht immer möglich ist. Stilistisch sind sie häufig unschön und manchmal schwer verständlich. Ist eine Verschachtelung (z. B. bei juristischen Texten) nicht zu umgehen, ist zum Verständnis des Satzes die richtige Kommassetzung umso wichtiger.

Regel

Werden mehrere Nebensätze in den Hauptsatz eingeschoben, müssen sie ebenfalls jeweils in Kommas eingeschlossen werden.

Die folgenden Beispielsätze weisen mehrfache Verschachtelungen auf. Um zu demonstrieren, warum an welcher Stelle ein Komma gesetzt werden muss, finden Sie die Satzart unter der geschweiften Klammer, wobei der Hauptsatz zusätzlich blau markiert ist.

Er schrieb, *obwohl er wenig dafür gelernt hatte*, **die Klausur mit**,

HS (Beginn) NS HS (Weiterführung)

die sich als schwierig erwies, **und bestand sie zum Glück**.

NS HS Fortführung)

Um zu beweisen, *dass er keiner dieser Männer ist*,

NS NS

die sich nicht für die Gefühle anderer interessieren, **fragt er sie**,

NS HS

wie es ihr nach der Niederlage geht.

NS

§ 312 Abs. 5 BGB:

Eine Vereinbarung, *durch die ein Verbraucher verpflichtet wird*,

HS *(Beginn)* NS

ein Entgelt dafür zu zahlen,

NS

dass der Verbraucher den Unternehmer wegen Fragen oder Erklärungen zu einem zwischen ihnen geschlossenen Vertrag über eine Rufnummer anruft,

NS

die der Unternehmer für solche Zwecke bereithält, ***ist unwirksam***,

NS HS (Weiterführung)

wenn das vereinbarte Entgelt das Entgelt für die bloße Nutzung des Telekommunikationsdienstes übersteigt.

NS

Regel

Wird die Nebensatzkonjunktion mit einem weiteren Wort eingeleitet/kombiniert, setzt man in der Regel kein Komma zwischen Einleitungswort und Konjunktion (z. B. *egal ob / erstens weil / gerade wenn / nicht dass / sondern weil*). Solche Wortverbindungen werden als Einheit aufgefasst.

Egal ob es regnet oder schneit, ich fahre mit dem Fahrrad.
Der Bewerber wurde abgelehnt, erstens weil er nicht die nötigen Qualifikationen aufwies, zweitens weil seine kommunikativen Fähigkeiten nicht ausreichten.
Gerade wenn man sich mal entspannen will, passiert etwas Beunruhigendes.
Nicht dass es wirklich wichtig wäre, aber interessieren würde es mich schon.
Ich mache das nicht nur für dich, sondern weil ich es selbst möchte.

In einigen Fällen kann der Schreibende jedoch ein Komma setzen, um dem Satzinhalt ein anderes Gewicht bzw. eine besondere Betonung zu geben:
Er sollte mehr lernen, nicht nur(,) wenn er gerade Lust dazu hat.
Man gab das Projekt auf, vor allem(,) weil die Kosten explodierten.
Mit Komma wird die Konjunktion betont gelesen, der Satz bekommt so eine leicht andere Gewichtung.

Mögliche Fehlerquellen / Verwechslungsgefahren:

- **Nebensatz oder Präpositionalphrase?**
  Ein oft gemachter Fehler besteht darin, bei einer Präpositionalphrase ein Komma zu setzen. Gerade beim wissenschaftlichen Schreiben verwendet man häufig statt eines Nebensatzes eine Nominalphrase mit Präposition – so lassen sich Verschachtelungen vermeiden. Dies birgt aber die Gefahr der falschen Kommasetzung.
  Im Prinzip ist es jedoch ganz einfach, denn nur Nebensätze werden mit Komma abgetrennt. Ein (Neben-)Satz hat immer ein finites Verb – fehlt dieses, liegt dementsprechend auch kein Satz vor, der mit Komma abzutrennen wäre.
  In folgender Tabelle erkennen Sie den entscheidenden Unterschied – das Verb (im Nebensatz unterstrichen) wird umgeformt in eine Nominalphrase (ohne Komma):

Nebensatz	Nominalphrase mit Präposition
Weil die Energiepreise gestiegen sind, wurden auch viele Produkte teurer.	*Wegen eines Anstiegs der Energiepreise wurden auch viele Produkte teurer.*
Wenn beide Elektroden über einen elektrischen Leiter miteinander verbunden werden, kann die Reaktion weiterlaufen.	*Bei der Verbindung der beiden Elektroden über einen elektrischen Leiter kann die Reaktion weiterlaufen.*
Während das Experiment durchgeführt wurde, kam es zu Problemen mit den Probanden.	*Während der Durchführung des Experiments kam es zu Problemen mit den Probanden.*
Das Lernen und Einprägen kann erleichtert werden, wenn Lerninhalte mit sensorischen Reizen verknüpft werden.	*Das Lernen und Einprägen kann durch eine Verknüpfung von Lerninhalten mit sensorischen Reizen erleichtert werden.*
Wenn Sie diesen Satz umformen, entfällt das Komma.	*Bei der Umformung dieses Satzes entfällt das Komma.*

- **Vergleichssatz oder Vergleich?**
  Der gleiche Fall liegt vor beim Unterschied zwischen einem Vergleichssatz und einem Vergleich. Auch hier gilt: Ein (Neben-)Satz hat immer ein finites Verb – fehlt dieses, liegt dementsprechend auch kein Satz vor, der mit Komma abzutrennen wäre.
  Zur Veranschaulichung wieder eine Tabelle – Sie erkennen, beim Vergleich fehlt das finite Verb, das im Vergleichssatz unterstrichen ist.

Vergleichssatz	Vergleich
Die Baukosten sind weitaus höher ausgefallen, als zuvor geschätzt wurde.	*Die Baukosten sind weitaus höher ausgefallen als zuvor geschätzt.*
Sie saß aufrecht, wie es alle anderen auch taten.	*Sie saß aufrecht wie alle anderen auch.*
Meine Note fiel besser aus, als ich vorher vermutet habe.	*Meine Note fiel besser aus als vorher (von mir) vermutet.*

Tipp

Fehlt das finite Verb, handelt es sich um keinen (Neben-)Satz, also wird die Phrase auch nicht mit Komma abgetrennt.

Übungen zu Haupt- und Nebensätzen:

Übung 23

Setzen Sie die Kommas an die richtige Stelle!

1. Als ich nach Hause kam war es schon dunkel.
2. Die Zeitschrift wird an Jugendliche verteilt kann aber auch kostenlos abonniert werden.
3. Das Unternehmen teilte uns mit dass die Ware heute verschickt wurde so dass wir sie innerhalb von drei Werktagen erhalten werden.
4. Auch ich bin mit meiner Arbeit nicht so weit gekommen wie ich eigentlich sein wollte.
5. Wie formulieren Sie Ihre Bewerbung und welche Anlagen gehören dazu?
6. Dass diese Revolution unblutig verläuft ist sehr unwahrscheinlich.
7. Wer selbst nie ein Buch liest wird seinen Nachwuchs schwerlich zum Lesen animieren können.
8. An jedem Kiosk kann man Romanheftchen kaufen sie kosten nicht viel man nennt sie auch „Groschenromane“.
9. Auf der Suche nach einer literaturwissenschaftlichen Definition von Stereotyp schaut man in den meisten gängigen Lexika vergeblich nach.
10. Ist die deutsche Sprache der Kinder mit Migrationshintergrund altersgemäß entwickelt können diese problemlos an Immersionsprogrammen teilnehmen.

11. Einige auffällige Schüler wie Jan und Julian brauchen dringend sozialpädagogische Hilfe.
12. Wo man in Deutschland sehr hartes Wasser vorfindet ist in der folgenden Karte rot markiert.
13. Schreib mir bitte bis wann genau du in Urlaub sein wirst.
14. Lara fliegt nach Mallorca und Julia trampt nach Italien Martin wird an die Nordsee fahren.
15. Aufgrund der relativ geringen Nachfrage aus dem Ausland bewertete man die Blue Card als Misserfolg.
16. Egal was ich sage du willst es falsch verstehen.

Übung 24

Setzen Sie die Kommas an die richtige Stelle!

1. Ich lese das Buch das ich mir gestern gekauft habe es ist sehr spannend.
2. Überlegen Sie sich wie Sie es machen wollen und informieren Sie mich dann.
3. Für eine erste Prüfung der vermuteten Beziehung zwischen den gewählten Variablen empfiehlt sich die Darstellung der Daten in einem Streudiagramm.
4. Steht man der Gentechnik hierzulande auch kritisch gegenüber ist ihr Einsatz in der Medizin schon lange Standard.
5. Alles ist nur passiert weil du die Ampel die rot war übersehen hast.
6. Ihm fehlte die Luft zum Atmen er wollte frei sein er musste einfach weggehen.
7. Es dauerte Monate bis sie verstand was wirklich geschehen war.
8. Eine Tat kann nur bestraft werden wenn die Strafbarkeit gesetzlich bestimmt war bevor die Tat begangen wurde.
9. Der Richter nach dessen Urteil es Tumult gab ließ den Saal räumen.
10. Er wird erst nächste Woche kommen können das heißt unser Treffen verschiebt sich noch einmal.
11. Ähnliche Tapeten wie sie in den 70er Jahren modern waren sind heute wieder angesagt.
12. Während Techniker das Wasser abpumpten machten sich die Experten Gedanken wie sie den Nebenarm des Flusses trockenlegen könnten.
13. Obwohl die Zahl der Arbeitslosen steigt beklagen viele Unternehmer dass sie keine geeigneten Fachkräfte fänden.

14. In Abhängigkeit zur aufgestellten Hypothese bedarf es der sorgfältigen Auswahl einer geeigneten Methode.
15. Wenn das Maximum nur in seiner Umgebung der höchste Punkt ist dann nennen wir diesen Punkt lokales oder relatives Maximum.
16. Ist er der höchste Punkt der gesamten Funktion so nennen wir ihn globales oder absolutes Maximum.
17. Er habe keine besondere Begabung sagte einst Albert Einstein er sei nur leidenschaftlich neugierig.
18. Einem Unternehmer der im Gemeinschaftsgebiet ansässig ist und Umsätze ausführt die zum Teil den Vorsteuerabzug ausschließen wird die Vorsteuer höchstens in der Höhe vergütet in der er in dem Mitgliedstaat in dem er ansässig ist bei Anwendung eines Pro-rata-Satzes zum Vorsteuerabzug berechtigt wäre.
19. Der Parlamentarische Rat zog 1949 die Konsequenzen aus den Erfahrungen der Vergangenheit und engte die politischen Rechte des Staatsoberhauptes stärker ein.
20. Im Kölner Rosenmontagszug rollt nun doch ein Umzugswagen mit einem Charlie-Hebdo-Motiv dessen Entwurf das Festkomitee bislang nicht vorgestellt hatte.

16.4 Komma bei Infinitivgruppen

Vor der Rechtschreibreform hieß dieses sprachliche Phänomen „Erweiterter Infinitiv". Im Zuge der ersten Reform nahm man hier das Komma weg – dies ist aber seit 2006 nicht (mehr) so! Wir haben es nur mit einem anderen Namen („Infinitivgruppe") und mit leicht anderen Regeln zu tun, die bedauerlicherweise wegen vieler Ausnahmeregelungen schwieriger zu verstehen und anzuwenden sind als die alten Regeln, die man aber noch anwenden darf – dazu später mehr.

Infinitivgruppen bestehen aus einem Verb im Infinitiv mit mindestens einem „zu" davor (*zu laufen*) oder bei trennbaren Verben mit einem „zu" innerhalb des Verbs (*wegzufahren*). Die Infinitivgruppe kann vor oder hinter dem Bezugssatz stehen bzw. in diesen eingeschoben sein.

Regel

Die Infinitivgruppe **muss** stets durch ein Komma abgetrennt werden, wenn sie mit den **Konjunktionen** *als, anstatt, außer, ohne, statt, um* eingeleitet wird.

Er schreibt lieber eine Klausur, als ein Referat zu verfassen.
Anstatt fernzusehen, liest sie lieber ein gutes Buch.
Du musst nicht viel tun, außer freundlich zu sein.
Manche beten, ohne wirklich an Gott zu glauben.
Wir sind oft ungeduldig, statt einfach abzuwarten.
Um eine gute Note zu schreiben, lernt sie bis spät in die Nacht.

Regel

Die Infinitivgruppe **muss** durch ein Komma abgetrennt werden, wenn sie von einem **Nomen** abhängt.

Er fasste den Plan, nachts heimlich abzureisen.
Sie hat heute keine Lust, arbeiten zu gehen.
Nicht alle zeigen die Bereitschaft, anderen zu helfen.
Ist die Infinitivgruppe in den Gesamtsatz eingebettet, bekommt sie nicht nur am Anfang, sondern auch am Ende ein Komma:
Das Angebot, ihre Masterarbeit im Ausland zu schreiben, hat sie sofort angenommen.
Ausnahme: Handelt es sich bei Regel 2 nur um einen **einfachen Infinitiv mit „zu"**, ist das Komma freigestellt und im Gegensatz eher unerwünscht, sofern der Satz unmissverständlich ist. Die eingeklammerten Kommas können und sollten weggelassen werden:
Ihre Angst(,) zu versagen(,) lähmte sie vor jeder Prüfung.
Wir bewundern seine Geduld(,) zuzuhören.

Regel

Die Infinitivgruppe **muss** durch ein Komma abgetrennt werden, wenn ein **hinweisendes Wort** (z. B. *das, dies, dafür, daran, darauf, es*) auf den Infinitiv zielt.

Einmal um die ganze Welt zu reisen, das war ihr größter Wunsch.
Daran, wenigstens einmal pünktlich zu erscheinen, dachten sie gar nicht.
Jetzt ist es wichtig, schnell zu handeln.
Ausnahme: Handelt es sich bei Regel 3 nur um einen **einfachen Infinitiv mit „zu"**, ist das Komma freigestellt und im Gegensatz eher unerwünscht, sofern der Satz unmissverständlich ist. Die (eingeklammerten) Kommas können und sollten weggelassen werden:
Wir hatten fest daran geglaubt(,) zu gewinnen.
Sie freute sich darauf(,) zu tanzen.

Tipp

>> Grundsätzlich sollten einfache Infinitive mit „zu" nicht mit Komma abgetrennt werden (*Er beschloss zu verreisen.*)
Davon ausgenommen ist Regel 1, denn bei Konjunktionen muss immer ein Komma stehen (*Er faulenzt, statt zu arbeiten.*)!

Regel

In den Fällen, die nicht durch die obengenannten Regeln erfasst werden, **darf** beim Infinitiv mit „zu" ein Komma gesetzt werden, um den Satz zu gliedern.

Er verspricht, morgen früher nach Hause zu kommen.
Die Untersuchung versucht, die unterschiedlichen Effekte zu erklären.
Dich zu verstehen, ist nicht immer einfach.
Der Minister glaubt, die Krise in den Griff zu bekommen.

Regel

In allen anderen Fällen (beim Infinitiv mit „zu"), die nicht durch die obengenannten Regeln abgedeckt sind, **sollte** ein Komma gesetzt werden, um Missverständnisse zu vermeiden.

Wir empfehlen ihm kein Geld zu geben.
Dieser Satz ist ohne Komma doppeldeutig, die Kommas markieren also den Sinn:
Wir empfehlen, ihm kein Geld zu geben. = Er soll kein Geld bekommen.
Wir empfehlen ihm, kein Geld zu geben. = Er soll kein Geld geben.
Das Unternehmen beschloss im Herbst die Produktion einzustellen. (= Sinn unklar.)
Das Unternehmen beschloss, im Herbst die Produktion einzustellen.
Das Unternehmen beschloss im Herbst, die Produktion einzustellen.
Die Mitarbeiter des Unternehmens wird in diesem Fall die Kommasetzung mit Sicherheit interessieren!
Kommas sollten also bei möglichen Missverständnissen immer gesetzt werden.

An dieser Stelle möchte ich Ihnen (ausnahmsweise) die alte Regel zum erweiterten Infinitiv erklären, die absolut simpel ist. Wenn Sie die alte Regel anwenden, setzen Sie ab und zu ein (erlaubtes) Komma mehr als unbedingt nötig, machen aber nie einen Fehler, weil diese Fälle durch die Zusatzregeln abgedeckt sind:

Tipp

Alte Regel „Erweiterter Infinitiv mit *zu*“:

1. Bei einem einfachen Infinitiv mit „zu“ (also nicht erweitert) setzt man kein Komma, sofern er nicht mit einer Konjunktion eingeleitet ist:

Sie versucht anzurufen. Er beabsichtigt zu gewinnen.

2. Ist der Infinitiv mit „zu“ durch ein oder mehrere Wörter erweitert, setzt man ein Komma:

Sie versucht, morgen Vormittag anzurufen. Er beabsichtigt, das Rennen zu gewinnen.

Einfacher geht's nicht!

>> Sie sehen, in Fall 1 soll auch nach den heutigen Regeln das Komma weggelassen werden. Fall 2 wird zwar durch die drei festen Regeln nicht erfasst, aber über die Zusatzregel.

Bei der Infinitivgruppe gibt (und gab) es aber auch Fälle, in denen **kein** Komma gesetzt werden darf, nämlich dann, wenn die Infinitivgruppe von einem **Hilfsverb (*sein* oder *haben*)** abhängt.
Sie ist mit nichts zu bestechen.
Er war nicht aus der Fassung zu bringen.
Das wäre noch zu klären.
Ein Hund hat immer zu gehorchen.
Wir haben keine Zeit zu verlieren.
In diesen Fällen bildet der Infinitiv mit „zu“ mit dem Hilfsverb zusammen das Prädikat.

Daneben gibt es einige wenige Verben, die ebenfalls beim Infinitiv mit „zu“ **nicht mit Komma abgetrennt** werden, beispielsweise *brauchen, scheinen* und die Wendung *es gibt*:
Ihr braucht noch nicht zu gehen.
Du scheinst den Sachverhalt zu kennen.
Es gibt reichlich zu essen.

Alles auf einen Blick:

	Infinitivgruppe	Einfacher Infinitiv mit „zu“
Sätze, die eingeleitet werden mit den Konjunktionen *um, anstatt, statt, ohne, außer, als*	Komma **muss** gesetzt werden: *Er gibt die richtige Antwort, ohne längere Zeit zu überlegen.*	Komma **muss** gesetzt werden: *Er gibt die Antwort, ohne zu überlegen.*
Bezug auf ein Nomen	Komma **muss** gesetzt werden: *Sie hatte Angst, ihren Job zu verlieren.*	Komma **darf** gesetzt werden: *Sie hatte Angst(,) zu versagen.* Empfehlung: kein Komma setzen!
Bezug auf ein Verweiswort	Komma **muss** gesetzt werden: *Wir haben nicht damit gerechnet, den Preis zu gewinnen.*	Komma **darf** gesetzt werden: *Wir haben nicht damit gerechnet(,) zu gewinnen.* Empfehlung: kein Komma setzen!
Alle anderen Fälle	Komma **darf** gesetzt werden: *Sie haben vor(,) im Mai nach Italien zu reisen.* Empfehlung: Komma setzen!	Komma **darf** gesetzt werden: *Sie haben vor(,) zu verreisen.* Empfehlung: kein Komma setzen!
Ausnahmen: Hilfsverben	**Komma nicht erlaubt!** *Wir haben die Arbeit pünktlich abzugeben.*	**Komma nicht erlaubt!** *Das Problem ist zu umgehen.*

Übung 25

Setzen Sie Kommas ein!

1. Eine Delegation ist nach Genf abgereist um an einer Konferenz teilzunehmen.
2. Warum hattest du keinen Mut zu fragen?
3. Statt lange zu warten sprach er sie einfach an.
4. Er hatte Gelegenheit sich zu verbessern.
5. Sie beherrschte die Kunst zu überzeugen.
6. Arzt zu werden dies war schon immer sein größter Wunsch.
7. Wir haben nichts zu verlieren.
8. Es ist sinnvoll diese Dinge zu untersuchen.
9. Sie haben viele Möglichkeiten eigene Aktivitäten zu entfalten.
10. Es hat noch nie geschadet nachzudenken.
11. Er war zu müde sich das alles zu merken.
12. Da wird dir nichts anderes übrig bleiben als realistisch zu denken.
13. Bei der Anmeldung ist eine Anzahlung in Höhe von 50,- € zu bezahlen.

14. Dir bleibt nichts anderes übrig außer dich damit abzufinden.
15. Es gab viel auf der Insel zu sehen und Neues zu entdecken.
16. Der Verhandlungspartner stimmte zu ohne zu zögern.
17. Sylvia bittet Simon um 8 Uhr Frühstück zu machen.

16.5 Komma bei Partizipgruppen

Partizipgruppen bestehen aus einem Partizip I oder II (z. B. *besprochen, entsprechend, gesagt, laufend, verpackt*), das durch ein oder mehrere Wörter näher bestimmt wird (z. B. *telefonisch besprochen, den vorigen Regeln entsprechend, wie schon gesagt, schnell laufend, bestens verpackt*).

Regel

Partizipgruppen werden mit Komma abgetrennt, wenn ein **hinweisendes Wort** (z. B. „so") der Gruppe nach- oder vorangestellt ist.

Vor Angst zitternd, so stand sie vor dem Prüfungszimmer.
Genau so, für alle sehr ernüchternd, stellte sich der Sachverhalt dar.

Regel

Partizipgruppen werden mit Komma abgetrennt, wenn sie eingeschoben sind und dabei dem Bezugswort unmittelbar folgen oder wenn sie nachgestellt sind.

Die Arbeit, gut recherchiert und exzellent dargelegt, hat die Kommission beeindruckt.
Der Sportler, müde und abgekämpft, verließ deprimiert das Stadion.
Homöopathische Mittel scheinen wirkungslos zu sein, chemisch betrachtet.

Dass hier Kommas gesetzt werden müssen, hat weniger mit der Partizipgruppe als solcher zu tun als vielmehr damit, dass es sich um nachgestellte Erläuterungen handelt, die immer mit Kommas abgetrennt werden müssen (s. hierzu Kap. 16.6).

In allen anderen Fällen ist das Komma freigestellt.

Die Empfehlung lautet, bei kürzeren und formelhaft verwendeten Wendungen im Partizip kein Komma zu setzen:
den Antrag betreffend, fest entschlossen, genau betrachtet, genau genommen, wie besprochen, wie gesagt, wie in Kapitel x dargelegt etc.

Bei längeren Partizipgruppen empfiehlt es sich, ein Komma zu setzen, da es zur Strukturierung und damit zum besseren Textverständnis beiträgt: *Wie in Kapitel x zur Einführung des geplanten Mindestlohns genauestens dargelegt, kommt diesen Ergebnissen aus Sicht der Arbeitgeber besondere Bedeutung zu.* (Dieser Satz wäre aber auch ohne das Komma korrekt.)

16.6 Komma bei nachgestellten Erläuterungen, Zusätzen und Appositionen

Regel

Nachgestellte Erläuterungen, Zusätze und Appositionen werden durch ein Komma abgetrennt.

In der Forschungsliteratur fehlen zu diesem Thema aussagekräftige Studien, vor allem für den Bereich Männergesundheit.
Den Vortrag über Herzrhythmusstörungen bei Kleinkindern hält Frau Prof. Dr. Blömer, Chefärztin der Kinderkardiologie. (Apposition)

Was ist eine Apposition?

Eine Apposition ist eine Sonderform eines nachgestellten erklärenden Zusatzes und hat folgende **Merkmale**:

1. bezieht sich immer auf ein vorangehendes Nomen
2. ist in der Regel selbst ein Nomen
3. steht im selben Kasus wie das Bezugsnomen
4. enthält kein Verb

Regel

Wird eine nachgestellte Erläuterung, ein Zusatz oder eine Apposition in einen Satz eingeschoben, muss davor und dahinter ein Komma gesetzt werden.

Insgesamt gesehen wird Schulsozialarbeit immer bedeutungsvoller, besonders in sozialen Brennpunkten, so dass passende Konzeptionen erarbeitet werden müssen.
Oft reagieren Menschen zu emotional, vor allem in Stresssituationen, und können nicht mehr klar denken.
Der Regenwald, die Lunge unseres Planeten (= Apposition)*, ist stark bedroht.*
Frau Prof. Dr. Blömer, Chefärztin der Kinderkardiologie (= Apposition)*, hielt einen Vortrag über Herzrhythmusstörungen.*

Nachgestellte Erläuterungen kann man gut an bestimmten **Einleitungswörtern** erkennen: *also, besonders, das heißt (d. h.), insbesondere, nämlich, vor allem, und zwar, zum Beispiel (z. B.).*

Zu beachten ist, dass es sich im Fall von „und zwar" um *keine* nebengeordnete Konjunktion handelt, die der Aufzählung dient, sondern „und zwar" bildet eine Einheit, die immer (!) eine nachgestellte Erläuterung einleitet.

Tipp

>> Innerhalb eines Satzes steht vor „das heißt" und „und zwar" immer ein Komma – ohne Ausnahme!

Bei den anderen obengenannten Einleitungswörtern muss allerdings genau geprüft werden, ob tatsächlich eine **nachgestellte** Erläuterung vorliegt oder ob die Wörter lediglich in den Satz integriert sind. Da hier häufig Fehler gemacht werden, nun wieder eine Liste, um Ihnen die Unterschiede zu verdeutlichen:

Komma (wenn nachgestellt)	**Kein Komma (wenn integriert)**
Dies betrifft alle Personen, <u>also</u> auch Kinder.	*Dies betrifft <u>also</u> Erwachsene und Kinder.*
Die Thematik ist brisant, <u>besonders</u> wegen diplomatischer Verwicklungen.	*Die Thematik ist <u>besonders</u> wegen diplomatischer Verwicklungen brisant.*
Es kamen viele ausländische Gäste, <u>insbesondere</u> aus östlichen Ländern.	*Viele ausländische Gäste kamen <u>insbesondere</u> aus östlichen Ländern.*
Dies gilt nur bedingt, <u>nämlich</u> in Fällen von Steuerhinterziehung.	*Dies gilt <u>nämlich</u> nur in Fällen von Steuerhinterziehung.*
Die Keime vermehren sich bei Hitze, <u>meist</u> gepaart mit hoher Luftfeuchtigkeit.	*Die Keime vermehren sich <u>meist</u> bei Hitze und hoher Luftfeuchtigkeit.*
Sie sollte beim Fahren aufpassen, <u>vor allem</u> im Dunklen.	*Sie sollte beim Fahren <u>vor allem</u> im Dunklen aufpassen.*
Er verwendete viele Maltechniken, <u>zum Beispiel (z. B.)</u> die Brushingmethode.	*Er hat <u>zum Beispiel</u> die Brushingmethode verwendet.*

Besonderheiten

Ist eine eingeschobene Erläuterung Teil einer Nomengruppe und steht sie vor dem Bezugsnomen, entfällt das zweite (schließende) Komma:
Zu der Podiumsdiskussion waren viele ausländische, vor allem französische Journalisten angereist.

In manchen Fällen muss **nicht nur vor** der Einleitungsformel, **sondern auch danach** ein Komma gesetzt werden, nämlich dann, wenn ein Nebensatz folgt (s. Kap. 16.3). Bei einer bloßen Ergänzung bleibt es bei einem Komma:

Ein Komma (Ergänzung)	Zwei Kommas (Nebensatz)
Ich komme heute vorbei, das heißt gegen 18 Uhr.	*Ich komme heute vorbei, das heißt, wenn ich früh genug aus dem Büro komme.*
Das Verfahren kann unter bestimmten Bedingungen eingestellt werden, zum Beispiel nach Einigung der gegnerischen Parteien.	*Das Verfahren kann unter bestimmten Bedingungen eingestellt werden, zum Beispiel, nachdem sich die gegnerischen Parteien geeinigt haben.*

>> **Tipp**
Im Gegensatz zu einem Nebensatz enthält eine Ergänzung bzw. eine nachgestellte Erläuterung nie ein finites Verb – dies ist ein gutes Unterscheidungsmerkmal, ob nach der Einleitungsformel ein zweites Komma gesetzt werden muss oder nicht.

Unsicherheiten bestehen auch häufig bei **Zusätzen, die mit „wie" eingeleitet werden**. Für die Kommasetzung ist entscheidend, ob der Zusatz notwendig ist oder nicht:

- Ist die nachgestellte Erläuterung für den Satzsinn nötig, darf kein Komma gesetzt werden. Das folgende Beispiel ergäbe ohne den Zusatz mit „wie" keinen Sinn:
  Für das Frauenwahlrecht kämpften schon im 19. Jahrhundert Frauen wie Marie Goegg, Hedwig Dohm und Minna Cauer.
- Kann die nachgestellte Erläuterung auch weggelassen werden, kann der Schreibende selbst entscheiden, ob er einen mit „wie" eingeleiteten Zusatz mit Komma abgetrennen möchte oder nicht:
  Die Frühromantiker(,) wie Schlegel, Novalis und Tieck(,) bildeten im 18. Jahrhundert einen literarischen Gegenpol zur Weimarer Klassik.
  Viele junge Frauen kopieren magersüchtige Topmodels(,) wie Naomi Campbel(,) und ruinieren damit ihre Gesundheit.

Tipp

>> Ist das Komma beim Einschub mit „wie" nicht nötig, trennen Sie nur längere Zusätze (= Aufzählungen) mit Kommas ab.

Regel

Vorangestellte Zusätze/Erläuterungen werden nie mit Komma abgetrennt.

Der renommierte Zahnarzt Dr. Bohrer erklärt die neuen Implantate.
Sein Sohn Felix studiert Steuerrecht.
Vor allem für den Bereich Männergesundheit fehlen in der Forschungsliteratur aussagekräftige Studien.

Häufig kann der Schreibende selbst entscheiden, ob etwas mit Komma als Zusatz bzw. Nachtrag gekennzeichnet, also hervorgehoben werden soll. Feste Regeln dazu, wann dies sinnvoll ist, gibt es jedoch nicht. Hier einige Beispiele, bei denen auch Gedankenstriche statt der Kommas eingesetzt werden können (s. Kap. 11).
Dies kann(,) meiner Meinung nach(,) nicht unkritisch auf andere Phänomene übertragen werden.
Angaben dazu konnten(,) meist aus Zeitnot(,) nur rudimentär gemacht werden.
Gentechnisch veränderte Pflanzen(,) wie Mais, Kartoffeln und Bananen(,) dürfen in Deutschland nicht angebaut werden.
Bourdieu und Connell setzen unterschiedliche Schwerpunkte(,) trotz der zuvor genannten Gemeinsamkeiten.

Tipp

>> Übertreiben Sie es nicht mit den freigestellten Kommas! Zu viele (vermeintliche) Einschübe stören den Lesefluss und erschweren somit das Satzverständnis. Am besten halten Sie sich zunächst nur an die drei festen Regeln.

Übung 26

Setzen Sie die fehlenden Kommas ein!

1. Leider ist die Zeichensetzung insbesondere die Kommasetzung grundsätzlich ein vernachlässigter Bereich in der Rechtschreibung.
2. Simon will auswandern und zwar nach Australien.
3. Ägypten verdankt seine Fruchtbarkeit den Wassermassen des Nils des größten Flusses in Afrika.
4. Dieser Problematik könnte man durch eine vorläufige Gestattung des Verlustabzugs entgegenwirken z. B. nach § 165 AO.
5. Die Keime vermehren sich bei Hitze vor allem bei hoher Luftfeuchtigkeit.
6. Der Bäckereibetrieb Teigig ein traditionsreiches Familienunternehmen war wieder äußerst erfolgreich.
7. Durch Blitzlicht werden z. B. die Elektronen der Atome im Lasermedium in den Zustand 3 gepumpt.
8. Videoclips können auch als Infragestellung des bisher Erarbeiteten d. h. als Vertiefung des Unterrichtsthemas dienen.
9. Er wird erst nächste Woche zurückkommen das heißt dass wir das Treffen noch einmal verschieben müssen.
10. Martin P. der jugendliche Angeklagte verweigerte die Aussage.
11. Bitte kommt pünktlich also spätestens um 18 Uhr.
12. Ich wollte schon immer Pianist werden und zwar schon als Kind.
13. Vor allem geht es um einen veränderten Blickwinkel.
14. Das Grundstück ein angrenzendes Waldgebiet sollte zur Bebauung freigegeben werden.
15. Beim Sport kann ich mich am besten erholen besonders beim Joggen.
16. Der optimale Erntezeitpunkt liegt also zwischen 13 und 14 Stunden.
17. Das Bild zeigt Herrn Drollig Gründer des Unternehmens bei seiner Tätigkeit.
18. Oxidoreduktasen werden bei der Herstellung von Synthesebausteinen in der Pharmaindustrie verwendet wie z. B. bei der Produktion von Anti-Tumormitteln.
19. Als Auslöser für diese Entwicklungen sieht Postman die elektronischen Medien des 20. Jahrhunderts insbesondere das Fernsehen.
20. Vorsicht ist vor allem in kalten Gewässern geboten.
21. Bedeutende Biochemiker wie Crick Watson und Wilkins haben zur Entdeckung und Entschlüsselung menschlicher DNA beigetragen.

16.7 Komma bei Zeitangaben, Anreden und Grußformeln (in Briefen/Mails), Ausrufen und Stellungnahmen

• Mehrteilige Zeitangaben

Regel

Mehrteilige Zeitangaben **ohne Präposition** werden mit Kommas abgetrennt.

Das Seminar findet statt am Montag, 23. Februar, 12.30 bis 17.00 Uhr.

Regel

Mehrteilige Zeitangaben **mit Präposition** werden **nicht** mit Kommas abgetrennt.

Wir treffen uns am Freitag um 17.00 Uhr.

• Anreden (in Briefen/Mails)

Regel

Anreden in Briefen bzw. Mails werden mit Komma abgetrennt.

Hallo Marcel,
Sehr geehrter Herr Münch,

Es folgt eine neue Zeile, auf der man klein weiterschreibt, sofern es sich beim ersten Wort nicht um ein Nomen handelt.

Besonderheit in der Schweiz: Dort setzt man hinter die Anrede kein Satzzeichen und beginnt auf der folgenden Zeile mit Großschreibung.

Regel

Eingeschobene Anreden werden vor und nach der Namensnennung mit Komma abgetrennt.

Vielen Dank, Frau Bremer, für Ihre freundliche Mail.
Wünsche dir, liebe Claudia, alles Gute!
Pass auf, Tom, hier gilt rechts vor links.

Regel

Anreden in Vorder- oder Endstellung werden mit Komma abgetrennt.

Kinder, hört mal alle zu!
Wir essen, Ralf. (Ohne Komma nur für Kannibalen ...)

- **Grußformeln (am Ende von Briefen/Mails)**

Regel

Zwischen Grußformel (am Ende eines Briefs/einer Mail) und Unterschrift wird **kein** Komma gesetzt.

Mit besten Grüßen / Herzlicher Gruß / Viele Grüße
Steffi Staaden

- **Ausrufe**

Regel

Ausrufe werden mit Komma abgetrennt.

Ach, ich könnte verzweifeln!
Au, das tat weh!
Oh, das ist aber eine tolle Überraschung!
Toll, alle Klausuren bestanden!

Ausnahme: Zwischen Ausruf und Anrede ist das Komma freigestellt:
Ach(,) Lisa, das tut mir leid.

- **Wörter zum Ausdruck einer Stellungnahme**

Regel

Ausdrücke einer Stellungnahme (Bekräftigung, Verneinung, Bejahung, etc.) werden mit Komma abgetrennt.

Nein, das geht leider nicht.
Ja, dies ist möglich.
Das ist tatsächlich richtig, leider.

16.8 Komma bei Verwendung von Spiegelstrichen

In (wissenschaftlichen) Texten und/oder bei Folienpräsentationen benutzt man häufig sogenannte Spiegelstriche zur Aufzählung. Hierbei ergibt sich immer wieder die Frage, ob man am Ende der Zeile ein Komma setzen muss oder nicht.

Regel

Aufzählungen mit Spiegelstrichen können mit oder ohne Kommasetzung am Ende der Zeile erfolgen.

Man hat zwar die Wahl, allerdings muss dabei beachtet werden, dass – sofern man sich für die Kommasetzung am Zeilenende entscheidet – auch nach der letzten Aufzählung ein Punkt gesetzt werden muss, weil die Aufzählung dann als Satz verstanden wird.

Beispiel 1 (mit Zeichensetzung):
Folgende Aspekte werden betrachtet:
- *Reliabilität der Methode,*
- *Validität der Methode,*
- *Auswahl der Einflussfaktoren,*
- *Erfassung von Wirkungszusammenhängen.*

Beispiel 1 (ohne Zeichensetzung):
Folgende Aspekte werden betrachtet:
- *Reliabilität der Methode*
- *Validität der Methode*
- *Auswahl der Einflussfaktoren*
- *Erfassung von Wirkungszusammenhängen*

Beispiel 2 (mit Zeichensetzung):
Die Konkretisierungsgrade reichen
- *von sehr konkreten Fragestellungen, wie der Konfliktbewältigung oder Schulprogrammarbeit,*

- *über weiter gefasste Aufgaben, wie schulbezogene Hilfen oder die individuelle Förderung,*
- *bis hin zu offen gehaltenen Aufgaben, wie der sozialpädagogischen Gruppenarbeit oder offenen Angeboten.*

Beispiel 2 (**ohne** Zeichensetzung):
Die Konkretisierungsgrade reichen
- *von sehr konkreten Fragestellungen wie der Konfliktbewältigung oder Schulprogrammarbeit*
- *über weiter gefasste Aufgaben wie schulbezogene Hilfen oder die individuelle Förderung*
- *bis hin zu offen gehaltenen Aufgaben wie der sozialpädagogischen Gruppenarbeit oder offenen Angeboten*

Tipp

>> Bei kürzeren Aufzählungspunkten/Stichpunkten keine Komma- und Punktsetzung.
Bei längeren Aufzählungspunkten – wenn z. B. ein ganzer Satz vorliegt – mit Komma und Punkt.

17. Zitat, Quellenangabe und Literaturverzeichnis

Bei einer wissenschaftlichen Arbeit sollten Sie unbedingt die Vorgaben/Anleitungen des jeweiligen Lehrstuhls, an dem Sie Ihre Arbeit schreiben, beachten und befolgen! Dabei kommt es sehr darauf an, in welchem Wissenschaftsgebiet Sie Ihre Arbeit schreiben, da die geforderten Formalia große Unterschiede aufweisen können – dies kann sogar innerhalb eines Wissenschaftszweiges bzw. innerhalb einer Fakultät variieren – informieren Sie sich!

Dennoch gibt es wichtige allgemeingültige Regeln, die vor allem das Zitieren und die Quellenangaben betreffen. Im Folgenden erfahren Sie nun, was aktueller Standard ist. Falls Ihnen keine oder nur ungenaue Vorgaben zum wissenschaftlichen Schreiben Ihrer Fakultät vorliegen, können Sie sich an den hier präsentierten Beispielen (aus verschiedenen Wissenschaftsgebieten) orientieren.

17.1 Zitat und Quellenangabe:

Das richtige Zitieren ist in einer wissenschaftlichen Arbeit von elementarer Bedeutung. Man unterscheidet zwischen direkten und indirekten Zitaten – in beiden Fällen ist die Anwendung der richtigen Zeichensetzung bedeutsam. Die folgenden Zitatregeln gelten für alle Wissenschaftszweige!

17.1.1 Direkte Zitate (die Sie möglichst sparsam einsetzen sollten):

- Zitate werden in **doppelte Anführungszeichen** gesetzt (s. Kap. 13). Die anführenden Anführungszeichen werden immer unten und die schließenden immer oben gesetzt, auch wenn Sie aus dem Englischen zitieren – in einer in Deutsch verfassten Arbeit gelten auch die deutschen Zeichensetzungsregeln!
  „Die Sprache selbst wird dann Thema des Diskurses, man spricht über Sprache bzw. über Kommunikationsprobleme."
  „Tumor supressors are genes whose inactivation can lead to cancerous transformation."

- Ist das direkte **Zitat länger als drei Zeilen**, wird die Buchstabengröße um eine Einheit verkleinert, das Zitat eingerückt und mit einzeiligem Zeilenabstand versehen. Die **Anführungsstriche entfallen**, weil durch die Einrückung klar wird, dass es sich um ein Zitat handelt. Ein weiterer Indikator für ein direktes Zitat ist, dass entweder die Quelle in Klammern folgt oder eine Fußnotenziffer angehängt ist. Das sieht dann folgendermaßen aus:

  > *Während der „aufmerksamen Wachheit" verhält sich das Baby entweder ruhig und verfolgt seine Bezugspersonen oder interessante Objekte mit dem Blick oder aber es ist aktiv und bewegt sich lebhaft, jedoch ausgeglichen und beginnt möglicherweise Gegenstände mit den Händen oder dem Mund zu untersuchen.*[1]

- Direkte Zitate können an beliebiger Stelle in den eigenen Satz integriert werden, wobei darauf zu achten ist, dass der **Punkt des Satzes immer ganz am Ende** steht, auch wenn das Zitat den Satz beendet. Begründung: Sie haben den Satz (mit eigenen Worten) begonnen, also beenden Sie ihn auch mit „Ihrem Punkt". Der Punkt steht also hinter dem schließenden Anführungszeichen und gegebenenfalls hinter der Fußnotenziffer (siehe unten Exkurs: Unterschiedliche Zeichenkombinationen). Im Einzelnen sieht das folgendermaßen aus:

  Satz beginnt mit Zitat:
  „Mit einem Schlag, scheinbar geschichts- und voraussetzungslos, war der Kafka-Kosmos präsent", eine neue Ära in der Literatur war angebrochen, eine besondere Ausdrucksform etabliert, die später den Namen „kafkaesk" bekommen sollte.

  Satz endet mit Zitat:
  Das modulare Logistiksegment ist seitens der in der Produktion und Logistik eingesetzten technischen Verfahren „durch größenbedingte Produktivitätsvorteile einerseits und durch qualitative Flexibilitätsnachteile andererseits gekennzeichnet".

  Zitat innerhalb des Satzes:
  Eva Kreisky spricht im Zusammenhang mit diesen Veränderungen von einer „Feminisierung des Fußballevents", die nicht unbedingt zur Freude der männlichen Anhänger stattfindet.

Weitere wichtige Punkte fürs wörtliche Zitieren:

- Es kann vorkommen, dass im zitierten Satz schon ein Zitat vorhanden ist, dann setzt man dieses in **einfache Anführungsstriche** – ebenfalls immer am Beginn unten, am Ende oben:
  „In der von Jasso skizzierten ‚primitiven Welt' [...] hängt die Verteilung der Gerechtigkeitsbewertungen lediglich von der Verteilung des quantitativen Gutes ab."

- Möchten Sie **einen Teil des wörtlichen Zitats weglassen**, muss die ausgelassene Stelle markiert werden, und zwar mit drei Punkten in eckiger Klammer [...], siehe obiges Beispiel (mehr dazu in Kap. 8.2).

- Wenn Sie ein Zitat in Ihren Text einbauen, kann es vorkommen, dass sich z. B. der grammatische Anschluss ändert, so dass Sie **einen Buchstaben bzw. ein Wort ergänzen** müssen, was wiederum mit eckiger Klammer angezeigt wird.
  Künftige Verfassungsrevisionen wurden hingegen durch die Forderung nach einer „vorherige[n] Absprache der Regierungsparteien" erschwert.
  Indem Bierhoff von „Angriffen, Gerüchten und falschen Unterstellungen spricht, suggeriert [er], dass er Homosexualität nach wie vor als etwas Anrüchiges, etwas Verbotenes ansieht".

- Eine weitere Notwendigkeit für eckige Klammern ergibt sich, wenn Sie zum besseren Verständnis selbst eine **Anmerkung in das direkte Zitat einfügen** möchten, dann setzt man ein „Anm. d. Verf." dahinter.
  „Bei unserem Julchen [gemeint ist Thomas Manns Schwester Julia, Anm. d. Verf.] reichten Verstand und Lebensinhalt nicht hin."

- Im Fall, dass **ein Fehler im Originaltext** vorhanden ist, benutzt man ein „sic" in eckigen Klammern. Sic (lateinisch) bedeutet „tatsächlich so / genau so". Sie zeigen damit, dass Sie nicht falsch zitiert haben, sondern dass es eben genau so im Original steht:
  „In einem weiteren Schritt werden die jeweilige [sic] Überschneidungen gefiltert."

17.1.2 Indirekte Zitate und Quellenangaben

In wissenschaftlichen Arbeiten ist das indirekte Zitat zu bevorzugen. Das bedeutet, Sie geben wissenschaftliche Aussagen und/oder Ergebnisse mit

Ihren eigenen Worten wieder. Hierbei ist – wie bei direkten Zitaten auch – von besonderer Wichtigkeit, die Quelle zu nennen, um damit anzuzeigen, dass Sie fremdes Gedankengut wiedergeben. Dies kann grundsätzlich auf zwei verschiedene Weisen praktiziert werden – hier unbedingt die Info einholen, wie es Ihr Professor haben möchte.

17.1.3 Quellenangabe in Klammern innerhalb des Textes

Wichtig dabei ist, dass Sie in diesem Fall keine vollständige Literaturangabe machen, sondern einen sogenannten **Kurzbeleg** benutzen.

Exkurs: Was ist ein Kurzbeleg?

Ein Kurzbeleg enthält in der knappsten Form den Autor, das Erscheinungsjahr und die Seitenzahl.

Manchmal wird auch das „S." für „Seite" weggelassen und stattdessen ein Doppelpunkt gesetzt (siehe hierzu auch S. x „Die Harvard-Methode"). Einige setzen die Jahreszahl in Klammern, andere grenzen sie mit Komma ab, manche setzen hier gar kein Zeichen.

Walter-Ahrens, 2011: 24 f.

Hat der Autor im selben Jahr mehrere Publikationen veröffentlicht, setzt man noch ein „a", „b" etc. dahinter:

Walter-Ahrens, 2011b: 167

Empfohlen wird aber meist, zusätzlich zu diesen Angaben einen selbstgewählten Kurztitel des Werks zu nennen und ein „S." vor die Seitenzahl zu setzen:

Schnittger (2012) Kapitalertragsteuerabzug, S. 308

Kromrey 2009: Empirische Sozialforschung, S. 301

Bei einem in eigenen Worten wiedergebenem Zitat (= indirektes Zitat) wird in der Regel, aber nicht in allen Wissenschaftszweigen (!), ein „vgl." vor die Angabe gesetzt. **Der Punkt am Satzende wird stets hinter die Klammer gesetzt:**

Dem Äquivalenzgrundsatz entsprechend ist in jedem Fall fraglich, ob sich In- und Ausländer überhaupt in einer vergleichbaren Situation befinden, da für Inländer die Steuererklärungspflicht gemäß § 149 Abs. 1 AO gilt (vgl. Schnitger, 2012, Kapitalertragsteuerabzug, S. 308).

Das innere Coming-out findet zuerst statt und ist die persönliche Vergegenwärtigung der eigenen Homosexualität (vgl. Walter-Ahrens, 2011: 24f.).

Das zweite obige Beispiel der Quellenangabe (Walther-Ahrens) ist übrigens eine in Deutschland häufig verwendete abgewandelte Form der **Harvard-Methode**.

17.1.4 Quellenangabe nach der Harvard-Methode:

1. Angabe steht in runden Klammern
2. Nachname des Autors
3. Erscheinungsjahr der Publikation
4. Doppelpunkt (ohne Leerzeichen)
5. Seitenzahl(en) (ohne „S." davor)
6. Bei einem indirekten Zitat kein „Vgl." davor
   (Zillien 2006:83-85)
7. Zwei Autoren mit „&" dazwischen
   (Shamon & Dülmer 2014:39)
8. Drei oder mehr Autoren
   a) bei erster Nennung:
   (Prätsch, Schikorra & Ludwig 2007:51-57)
   b) bei weiterer Nennung:
   (Prätsch u. a. 2007:98)
9. Zitieren Sie aus einer Sekundärquelle (also nicht aus dem Original), sieht das folgendermaßen aus:
   (zitiert in Bräsig 2007:125)

Das Literaturverzeichnis, in dem alle Angaben vollständig erfasst sein müssen, unterscheidet sich bei der Harvard-Methode nicht von den allgemeinen Regeln (s. Kap. 17.2).
Ausführlich zur Harvard-Methode siehe: http://gbfe.org/wp-content/uploads/2012/11/GBFE-Studienbrief-5_Form-bewahren.pdf

In den **Naturwissenschaften** geht man meist noch spartanischer mit den Quellenangaben um, die man in eckige Klammern setzt:
Tetrahydrofurane finden wiederum Anwendung bei der Herstellung von biologisch abbaubaren Polymeren, Duftstoffen und Medikamenten [Tan et al., 2006]. Vergleichend die Abbildung eines quantenmechanischen Modells mittels Trotter-Suzuki-Zerlegung [Trotter 1959, Suzuki 1976b].

Informatiker, Psychologen und vor allem **Mediziner** verwenden meist den noch kürzeren **Vancouver-Style**.

17.1.5 Quellenangabe nach dem Vancouver-Style:

Der **Vancouver-Style** arbeitet mit einem **Nummernsystem**, wobei die Quelle im Text lediglich mit einer Ziffer versehen wird. Es existieren zwei verschiedene Versionen.

Version A:

1. Die Angaben werden nach ihrem Auftreten im Text beginnend mit 1 fortlaufend durchnummeriert.
2. Am Ende der direkt oder indirekt zitierten **Quelle** steht eine fortlaufende Nummer in eckigen Klammern.
   These measures are consistent with national and international guidelines [1].
   There is still no reliable and certain test for predicting HDP [2].
   Die überwiegende Zahl von Tumoren ist stark KM aufnehmend [3].
3. Wird zu einem späteren Zeitpunkt noch einmal dieselbe Quelle zitiert, bekommt sie logischerweise dieselbe Ziffer.
   Although the mortality is rare in the UK [1].
4. Im **Literaturverzeichnis** werden die Quellen nun mit diesen fortlaufenden Nummern, die einen Punkt bekommen, aufgeführt.
   - **Bücher:**
     Verweisnummer. Autor(en): Titel. Evtl. Auflage. Erster Verlagsort: Verlag; Jahr.
   - **Zeitschriftenartikel:**
     Verweisnummer. Autor(en) (Familienname und erster Buchstabe des Vornamens): Titel. Zeitschrift. Jahr; Band/Volume:Seiten.
     1. *Chandiramani M, Shennan A: Hypertensive disorders of pregnancy: a UK-based perspective. Current Opinion Obstetrics Gynecology. 2008; 20:96-101.*
     2. *Sibai B, Dekker G, Kupferminc M: Pre-Eclampsia. Lancer. 2005; 365:785-799.*
     3. *Benz-Bohm G: Kinderradiologie. 2. Aufl. Stuttgart: Thieme-Verlag; 2005.*

Version B:

Man erstellt zuerst die **Literaturliste** in alphabetischer Reihenfolge und nummeriert die Quellenangaben fortlaufend.

1. *Aaronson N: Quality of Life Assessment in Cancer Clinical Trials. Berlin: Springer Verlag; 1990.*
2. *Augustin M, Amon U, Bullinger M, Gieler U. Empfehlungen zur Erfassung von Lebensqualität in der Dermatologie. Dermatol Psychosom. 2000; 1: 76-82.*
3. *Begg CB, Cramer LD, Hoskins WJ, et al.: Impact of hospital volume on operative mortality for major cancer surgery. JAMA. 1998; 280:1747-51.*

Die direkt oder indirekt zitierte **Quelle** wird im Text mit dieser Nummer in Klammern versehen.
Der Begriff der Lebensqualität tauchte zum ersten Mal 1975 im Zusammenhang mit der medizinisch-onkologischen Forschung auf [1].
Dies bedeutet eine interdisziplinäre Einbindung des Patienten [3].
Innerhalb der letzten 15 Jahre hat die Lebensqualitätsforschung deutlich an Bedeutung gewonnen [2].
Anmerkung: Benutzt man den Vancouver-Style, sollte man – um den Überblick über die verwendeten Quellen nicht zu verlieren – unbedingt ein automatisches **Literaturverwaltungsprogramm** installieren, z. B. „citavi" (https://www.citavi.com/de/).
Dies bietet sich übrigens grundsätzlich an.

17.1.6 Quellenangabe in der Fußnote

- Der Fußnotentext kann als Vollbeleg oder als Kurzbeleg erfolgen, zeitgemäßer ist auch hier der Kurzbeleg. Zu beachten ist:
- Der Fußnotentext wird mit einzeiligem Zeilenabstand und kleinerem Schrifttyp geschrieben.
- Handelt es sich um ein indirektes Zitat, setzt man in den meisten, aber nicht allen Wissenschaftszweigen ein „Vgl." davor.
- Die einzelnen Angaben werden mit Komma abgetrennt.
- Die Fußnote schließt mit einem Punkt – kein weiterer Punkt folgt, wenn die Fußnote mit f. oder ff. schließt.

17.1.7 Vollbeleg, z. B.:

[1] *Stötzel, Georg: Konkurrierender Sprachgebrauch in der deutschen Presse, in: Heringer, Hans J. (Hrsg.): Holzfeuer im hölzernen Ofen, Tübingen 1982, S. 277.*

[2] *Kreisky, Eva / Spitaler, Georg (Hrsg.): Arena der Männlichkeit: Über das Verhältnis von Fußball und Geschlecht, Frankfurt, New York: Campus 2006, S. 22 f.*
[3] *Vgl. Boyd, Danah M. / Ellison, Nicole B.: Social Network Sites: Definition, History and Scholarship. In: Journal of Computer-Mediated Communication 2007, H. 13, S. 211.*

17.1.8 Kurzbeleg, z. B.:

[1] *Stötzel (1982): Sprachgebrauch in der dt. Presse, S. 277.*
[2] *Kreisky/Spitaler (Hrsg.): Arena der Männlichkeit, 2006, S. 22 f.*
[3] *Vgl. Boyd/ Ellison (2007): Social Network Sites, S. 211.*

Fußnoten haben aber nicht nur die Funktion, die Quelle des direkten oder indirekten Zitats anzugeben, sondern auch auf **weiterführende Literatur** und/oder andere oder ähnliche Meinungen zur Thematik hinzuweisen. Dann setzt man ein **Semikolon** zwischen die unterschiedlichen Quellen:
[1] *Vgl. Schliesky, DVBl. 2005, 887; vgl. auch Boehme-Neßler, NVwZ 2007, 650.*
[2] *Vgl. Patzner/Nagler, Besteuerung, GmbHR 2011, 1195; Wiese/Strahl, Quellensteuer, DStR 2012, 1429; Linn, Erstattung, IStR 2010, 277.*
[3] *Ausführlich Weber, Grenzen EU-rechtskonformer Auslegung u. Rechtsfortbildung, S. 138; Herdegen, WM 2005, 1921, 1929; Schürnbrand, JZ 2007, 910, 913.*

Sofern Sie Fußnoten machen (müssen), sind zeichensetzungstechnisch noch ein paar Dinge wichtig, die Sie unbedingt beim Verfassen Ihres Textes beachten müssen, sofern Sie Direktzitate verwenden, dazu Folgendes.

17.1.9 Unterschiedliche Zeichenkombinationen bei wörtlichen Zitaten: Punkt bzw. Komma, Anführungszeichen und Fußnotenziffer

Die Platzierung des Zitats entscheidet darüber, wo Punkt bzw. Komma, Anführungszeichen und Fußnotenziffer zu stehen haben – zur besseren Veranschaulichung blau markiert.

- Bei einem einfachen direkten Zitat sieht das folgendermaßen aus:
  „Die Studie ist im höchsten Maße unseriös und statistisch nicht sauber erhoben, so dass erhebliche Verzerrungen zu verzeichnen sind.“[1]

- Beginnen Sie selbst den Satz und bauen ein direktes Zitat am Satzende ein, ergibt sich eine andere Zeichenkombination:
  Es hat sich gezeigt, dass die Ergebnisse der Studie nicht haltbar sind, sie sind nicht nur unlogisch, sondern „im höchsten Maße unseriös und statistisch nicht sauber erhoben, so dass erhebliche Verzerrungen zu verzeichnen sind“[1].
  Sie sehen, der Punkt steht an einer anderen Stelle, nämlich ganz am Ende, weil der Satz von Ihnen begonnen wurde (und nicht vom zitierten Autor), also wird er auch von Ihnen mit dem Punkt beendet. Der Punkt, der im Originaltext steht, entfällt in diesem Fall – es gibt immer nur einen Schlusspunkt!

- Ein ähnlicher Fall liegt vor, wenn Sie das Zitat innerhalb Ihres Satzes platzieren:
  Auch nach Anwendung der Blade-Analyse wird deutlich, dass „die Studie [...] im höchsten Maße unseriös und statistisch nicht sauber erhoben [ist]“[1], denn bei genauer Betrachtung sind die Maxima nicht eindeutig zuzuordnen.
  Hier erkennt man, dass das Komma nach der Fußnotenziffer stehen muss.

Nun noch einmal dieselben Beispiele, wobei die Quellenangabe mit Klammern hinter dem Text steht – Sie sehen, dies ist sehr viel einfacher in der Handhabung. Der Punkt des zitierten Satzes entfällt, stattdessen wird ein Punkt (bzw. ein Komma) hinter die Klammer der Quellenangabe gesetzt:

- *„Die Studie ist im höchsten Maße unseriös und statistisch nicht sauber erhoben, so dass erhebliche Verzerrungen zu verzeichnen sind“ (Wilson 2004, S. 231).*

- *Es hat sich gezeigt, dass die Ergebnisse der Studie nicht haltbar sind, sie sind nicht nur unlogisch, sondern „im höchsten Maße unseriös und statistisch nicht sauber erhoben, so dass erhebliche Verzerrungen zu verzeichnen sind“ (Wilson, 2004, S. 231).*

- *Auch nach Anwendung der Blade-Analyse wird deutlich, dass „die Studie [...] im höchsten Maße unseriös und statistisch nicht sauber erhoben [ist]“, denn bei genauer Betrachtung sind die Maxima nicht eindeutig zuzuordnen (Wilson, 2004, S. 231).*

Da heutzutage von den meisten Instituten gefordert wird, die Quellenangaben im Text sowie in den Fußnoten kurzzuhalten und sich auf das Wesentliche zu beschränken (= Kurzbeleg), ist es umso wichtiger, im Literaturverzeichnis alle Angaben genauestens aufzulisten. Ins Literaturverzeichnis gehört selbstverständlich all die Literatur, die Sie zitiert haben bzw. die zur untersuchten Thematik beiträgt. Nicht aufnehmen sollten Sie Literatur, die Sie bei der Recherche und beim Lesen (als unwichtig) verworfen haben. Ein aufgeblähtes Literaturverzeichnis erschwert die Suche nach den wichtigen Quellen und hat keinen Aussagewert.

17.2 Das Literaturverzeichnis:

Es empfiehlt sich, die Quellenangaben folgendermaßen zu sortieren:

- Bücher, bei Philologen evtl. gegliedert nach
  a) Primärliteratur
  b) Sekundärliteratur
- Zeitschriftenartikel
- Internetquellen

Je nach Fachgebiet können noch andere Gliederungspunkte erforderlich sein: Die Naturwissenschaftler haben meist einen eigenen Gliederungspunkt für Dissertationen und Forschungsberichte, die Juristen und BWLer geben oft Rechtsprechungsverzeichnisse und Gesetze gesondert an.

Das Literaturverzeichnis derjenigen Fachgebiete, die mit dem Vancouver-Style (erste Version) arbeiten, sieht vollkommen anders aus (s. Kap. 17.1.5), die folgenden Regeln gelten also bei dieser Methode nur eingeschränkt.

Allgemeingültige Regeln:

- Die Quellenangaben werden **alphabetisch nach Autoren** geordnet. Liegen mehrere Quellen desselben Autors vor, so werden diese aufsteigend nach Erscheinungsjahr sortiert.
- Beim **Autor** wird der (erste) Vorname ausgeschrieben.
- Zwischen **Autor und Titel** wird entweder ein Doppelpunkt oder ein Komma gesetzt.
- Ein **Untertitel** wird entweder mit Punkt oder Gedankenstrich abgetrennt.
- **Erscheinungsort und -jahr** müssen genannt werden. Das Erscheinungsjahr kann hinter dem Autor in Klammern stehen oder hinter dem Erscheinungsort.

- **Weitere Angaben** werden entweder mit Punkt oder Komma abgetrennt, üblicher ist das Komma.
- Die Literaturangabe schließt mit einen **Punkt**.
  Hinck, Walter: Die Wunde Deutschland. Heinrich Heines Dichtung im Widerstreit von Nationalidee, Judentum und Antisemitismus, Frankfurt am Main 1990.
- Handelt es sich um **mehrere Autoren**, müssen sie mit vollem Namen genannt werden. Bei mehr als drei Autoren setzt man „et al." hinter den dritten Namen.
  Die Abtrennung der Autoren kann mit Schrägstrich oder mit Semikolon erfolgen.
  Oppermann, Thomas / Classen, Claus Dieter / Nettesheim, Martin: Europarecht, München 2009.
  Zelditch, Miriam L.; Swiderski, Donald L.; Sheets, David et al.: Geometric Morphometrics for Biologists, New York, London 2012.

- Handelt es sich um einen (oder mehrere) **Herausgeber**, muss hinter dem Namen der Zusatz (Hrsg.) bzw. [Hrsg.] stehen, häufiger werden runde Klammern verwendet.
  Eisenberg, Christiane (Hrsg.): Fußball, Soccer, Calcio. Ein englischer Sport auf seinem Weg um die Welt. München 1997.

- Handelt es sich um einen **Aufsatz in einem Sammelband**, müssen sowohl Autor und Titel des Aufsatzes als auch Herausgeber und Buchtitel genannt werden. Dabei wird mit „In:" (wenn Sie Punkte zur Abtrennung verwenden) oder mit „in:" (wenn Sie Kommas zur Abtrennung verwenden) eingeleitet.
  Zudem muss die genaue Seitenzahl (also kein f. oder ff.) angegeben werden.
  Lipp, Carola: Frauenforschung. In: Brednich, Rolf W. (Hrsg.): Grundriss der Volkskunde. Einführung in die Forschungsfelder der Europäischen Ethnologie, Berlin 1988, S. 251-272.

- Handelt es sich um einen **Zeitschriftenartikel**, müssen sowohl Autor und Titel des Aufsatzes als auch der vollständige Titel der Zeitschrift genannt werden. Dabei wird mit „In:" (wenn Sie Punkte verwenden) oder mit „in:" (wenn Sie Kommas verwenden) eingeleitet.
  Zudem muss nicht nur das Jahr, sondern auch die Heftnummer bzw. der Jahrgang sowie die genaue Seitenzahl (also kein f. oder ff.) genannt werden.

Pißler, Knut B. (1999): Der innerchinesische Aktienmarkt, in: Verfassung und Recht in Übersee, Jg. 32, Heft 1, S. 79-106.
Schulz-Nieswandt, Frank (1996). Öffentliche Krankenhäuser als Mittel der Gesundheitspolitik? In: Zeitschrift für öffentliche und gemeinwirtschaftliche Unternehmen 19, S. 300-312.
Vater, Heinz: Eigennamen und Gattungsbezeichnungen, in: Muttersprache 75 (1965), S. 207-213.

- Gibt es **mehrere Auflagen**, muss ab der zweiten Auflage die verwendete/zitierte Auflage genannt werden.
  Bosch, Karl: Übungs- und Arbeitsbuch Mathematik für Ökonomen, 8., korrigierte Aufl., München 2012.

- Bei **Internetadressen** wird der Autor oder die Institution bzw. die Zeitschrift etc. und der Titel des Beitrags angegeben. Anschließend wird die Internetadresse hineinkopiert sowie das Abrufdatum dahinter gesetzt, entweder in Klammern oder mit Komma abgetrennt.
  F.A.Z. online: Weibliche Fans – Die zwölfte Frau: http://www.faz.net/aktuell/sport/fussball-wm-2006/deutschland-und-die-wm/weibliche-fans-die-zwoelfte-frau-1332988.html (letzter Zugriff 30.08.14).
  KPMG, Investing in Ireland: www.kpmg.com/IE/en/IssuesAndInsights/ArticlesPublications/Documents/InvestinginIrelandNov12.pdf, Abruf 05.03.2013.

Freigestellt ist die Verwendung von:

- Doppelpunkt oder Komma zwischen Autor und Titel:
  Wolfrum, Edgar: Die 50er Jahre – Kalter Krieg und Wirtschaftswende, Darmstadt 2006.
  oder
  Wolfrum, Edgar, Die 50er Jahre – Kalter Krieg und Wirtschaftswende, Darmstadt 2006.

- Semikolon oder Schrägstrich bei der Nennung mehrerer Autoren:
  Mayer, Elmar; Liessmann, Konrad; Mertens, Hans Werner: Kostenrechnung – Grundwissen für den Controllerdienst, 7. Auflage, Stuttgart 2006.
  oder
  Mayer, Elmar / Liessmann, Konrad / Mertens, Hans Werner: Kostenrechnung – Grundwissen für den Controllerdienst, 7. Auflage, Stuttgart 2006.

- Gedankenstrich oder Punkt zwischen Titel und Untertitel:
  Nauwerck, Patricia: Zweisprachigkeit im Kindergarten – Konzepte und Bedingungen für das Gelingen. Freiburg im Breisgau 2005.
  Nauwerck, Patricia: Zweisprachigkeit im Kindergarten. Konzepte und Bedingungen für das Gelingen. Freiburg im Breisgau 2005.
- Erscheinungsjahr entweder in Klammern nach dem Autor oder hinter den Erscheinungsort:
  Klement, Jan-Henrik (2006): Verantwortung – Funktion und Legitimation eines Begriffs im Öffentlichen Recht, Tübingen.
  oder
  Klement, Jan-Henrik: Verantwortung – Funktion und Legitimation eines Begriffs im Öffentlichen Recht, Tübingen 2006.

- Komma oder Punkt vor dem Erscheinungsort, üblicher ist das Komma:
  Wolfrum, Edgar: Die 50er Jahre – Kalter Krieg und Wirtschaftswende, Darmstadt 2006.
  oder
  Wolfrum, Edgar: Die 50er Jahre. Kalter Krieg und Wirtschaftswende. Darmstadt 2006.

>> **Tipp**

Halten Sie sich an die allgemeinen Regeln und entscheiden Sie sich *vor dem Verfassen* des Literaturverzeichnisses für eine der freigestellten Alternativen (z. B. Gedankenstrich oder Punkt, Semikolon oder Schrägstrich etc.) – seien Sie dann innerhalb Ihres Quellenverzeichnisses konsequent.
Das Wichtigste beim Literaturverzeichnis ist die Vollständigkeit der Quellenangaben, wichtig ist aber auch die gute Lesbarkeit.

Mini-Grammatik – Erklärung grammatischer und anderer Fachbegriffe mit Beispielen

Fachbegriff	Übersetzung/Erklärung	Beispiele
Adjektiv	Eigenschaftswort, das einem Nomen eine Eigenschaft zuordnet.	*Heute ist schönes Wetter.* *Die Idee ist toll.*
Adverb	Umstandswort; lat. „ad" (= zu), also zum Verb gehörend.	*Er geht langsam.* *Sie macht das gerne.*
Adverbial	Satzglied, das die Umstände eines Geschehens (Art und Weise, Grund, Ort, Zeit) bestimmt.	*Wegen der Klausur* (= Grund) *gebe ich dir in der Uni* (= Ort) *morgens* (= Zeit) *schnell* (= Art und Weise) *mein Skript.*
Akkusativ	4. Fall, Frage lautet: Wen oder was macht jemand/etwas?	*Sie schreiben eine Klausur.* *Er heiratet Eva.*
Apposition	Beisatz, der ein Nomen näher bestimmt; Sonderform eines nachgestellten Attributs.	*Chanukka, ein jüdisches Fest, wird acht Tage lang gefeiert.*
Artikel	Geschlechtswort: Es steht vor einem Nomen bzw. einer Nominalisierung: der/die/das, ein/eine.	*der Tag / eine Besonderheit / das Fluchen / das Grün / die Vierte*
Attribut	Beifügung, die ein Nomen näher bestimmt.	*eine rote Rose/* *Wände aus Glas*
Auslaut-verhärtung	Begriff aus der Phonetik: Ein eigentlich stimmhafter Laut (s. u.) wird am Wortende stimmlos ausgesprochen.	*Hund: stimmlos wie „t" gesprochen /* *Maus: stimmlos wie „ß" gesprochen*
Dativ	3. Fall, wird mit „wem?" erfragt.	*Wem gebe ich das Buch? Dem Kind gebe ich das Buch.*
Deklination / deklinieren	Beugung / beugen von Nomen und Adjektiven nach Singular/Plural und den verschiedenen Fällen.	*die junge Frau → den jungen Frauen*
Demonstrativ-pronomen	Pronomen (= Fürwort), das auf etwas hinweist (lat. „demonstrare" (= zeigen/ bezeichnen)).	*dies/dieses/dieser / jener/jenes*
Diphthong	Doppellaut: au / äu / eu / ei / oi / ui.	*laufen / Kräuter / heute / heiter / Boiler / pfui*
direkte Rede	Wörtlich wiedergegebene Äußerung oder Textstelle, wird in doppelte Anführungsstriche gesetzt.	*„Ich bin so müde."* *„Erst kommt das Fressen, dann kommt die Moral", heißt es in der Dreigroschenoper.*
Durch-kopplung	Fachbegriff für die Bindestrichsetzung bei der Kombination mehrerer Wörter.	*Ost-West-Konflikt /* *400-Euro-Job*

Fachbegriff	**Übersetzung/Erklärung**	**Beispiele**
finite Verbform	Das Verb ist nach Person, Zahl, Modus und Tempus eindeutig und endgültig bestimmt; lat. finire (= beenden/bestimmen).	*Er braucht zum Lesen eine Brille.* *Du hast einen Preis gewonnen.* *Pünktlich wurde das Paket verschickt.*
Frage-pronomen	Siehe Interrogativpronomen.	
Fugen-s	Das „s" verbindet zwei Wörter.	*Lebenslust, geschäftstüchtig*
Ganzsatz	Ein Satz, der aus Subjekt und Prädikat oder aus mehreren Teilsätzen besteht und mindestens ein finitives Verb hat.	*Die Sonne scheint.* *Wenn es regnet, fahre ich nicht mit dem Fahrrad, sondern nehme den Bus.*
Genitiv	2. Fall, wird mit „wessen?" erfragt.	*Wessen Buch ist das?* *Es ist Ramonas Buch.*
Hauptsatz	Satz, der von keinem anderen Satz abhängig ist. Das Verb steht an zweiter Stelle.	*Pestizide bedrohen Bienen.* *Unvorbereitet ging er zur Klausur.*
Hilfsverb	Verben („sein" und „haben"), die zur Bildung von zusammengesetzten Verbformen benötigt werden.	*Sie ist zu spät gekommen.* *Wir haben schon gegessen.*
Imperativ	Befehlsform	*Verschwinde und geh mir aus den Augen!*
Indefinitpro-nomen	Unbestimmtes Fürwort, unbestimmte Mengenangabe.	*alle / bisschen / niemand / vieles*
indirekte Rede	Nichtwörtliche Rede zur Rede- bzw. Textwiedergabe, entweder mittels eines dass-Satzes oder im Konjunktiv I.	*Sie sagt, dass Sie so müde sei.* *Sie sagt, sie sei so müde.* *Erst komme das Fressen, dann komme die Moral, schreibt Brecht.*
infinite Verbform	Das Verb ist nicht eindeutig nach Person, Zahl, Modus und Tempus bestimmt (vgl. finite Verbform), betrifft den Infinitiv sowie das Partizip I und II.	*Er hat vor zu laufen.* *Laufend ändert sich was.* *Nichts gelaufen gestern.*
Infinitiv	(Nicht konjugierte) Grundform des Verbs.	*lesen* [redacted]*chreiben / denken*
Infinitiv-gruppe	Wortgruppe mit einem Infinitiv mit „zu".	*Er hatte keinen Mut, sie zu fragen.*
Interjektion	Ausrufewort	*aha / aua / oh je / psst*
Interrogativ-pronomen	Fragepronomen	*wer / welcher / wessen / wem / wen / was (für ein)*
Kardinalzahl	Grundzahl	*eins / zwei / fünfzig*
Komparativ	Vergleichsform für Adjektive der ersten Stufe. Vgl. Superlativ.	*lustig – lustiger – am lustigsten* *X ist kleiner als Y.*

Fachbegriff	**Übersetzung/Erklärung**	**Beispiele**
Kompositum	Zusammengesetztes Wort	*Klausurthema / süßsauer / weltweit*
Konditional-satz	Bedingungssatz (Nebensatzart), eingeleitet mit „wenn" / „falls" / „sofern".	*Komm vorbei, wenn/falls/sofern du Zeit hast.*
Konjugation / konjugieren	Beugung / beugen des Verbs.	*fahren / du fährst / du bist gefahren / fahr!*
Konjunktion a) nebengeordnete K. b) untergeordnete K.	Bindewort a) nebengeordnet verbindet es Gleichrangiges b) untergeordnet verbindet es Nebensätze und Infinitivgruppen	*a) und / oder* *b) als / dass / falls / indem / obwohl / während / weil / wenn / wo / seit / sofern*
Konjunktiv I	Möglichkeitsform I des Verbs, vgl. indirekte Rede. Wird gebildet aus Verbstamm (= ohne -en) plus Konjunktiv-Endungen: -e, -est, -e, -en, -et, -en	*reisen:* *ich reise* *du reisest* *er/sie/es reise* *sie reisen* *ihr reiset* *sie reisen*
Konjunktiv II	Möglichkeitsform II des Verbs, um irreale Bedingungen oder Wünsche zu formulieren. Wird gebildet aus dem Verbstamm des Präteritums plus Konjunktiv-Endungen: -e, -est, -e, -en, -et, -en. Die Vokale werden umgewandelt in einen Umlaut: a → ä, o → ö, u → ü Heutzutage immer häufiger auch gebildet mit dem sog. „Würde-Konjunktiv" (= würde plus Verb im Infinitiv).	*Wenn Ferien wären, führen wir ans Meer.* *Ich wünschte, das Examen wäre schon vorbei.* *Wenn Ferien wären, würden wir ans Meer fahren.*
Konsonant	Mitlaut, Gegensatz von Vokal	z. B. *b / k / m / p / t / z*
Konzessivsatz	Einräumungssatz (Nebensatzart), der einen Gegengrund nennt, eingeleitet mit „obwohl", „obgleich".	*Er ist immer pleite, obwohl er monatlich genug Geld hat.*
Nebensatz	Teilsatz, der einem anderen Satz untergeordnet ist. Nebensätze hängen entweder von einem Hauptsatz und/oder von einem anderen Nebensatz ab.	*Der Zeuge behauptet, dass er nichts gesehen hat (N 1), obwohl er neben dem Opfer stand (N 2).*
Nomen	Hauptwort/Namenwort, das ein Lebewesen, einen Gegenstand oder (abstrakten) Begriff bezeichnet. Anderer Fachbegriff ist „Substantiv".	*Mensch / Tisch / Mut*
Nominalisie-rung	Ein Wort einer anderen Wortart (Verb, Adjektiv, Numerale) wird als Nomen gebraucht.	*die Studierenden / das Lesen / der Böse / die Nächste*

Fachbegriff	**Übersetzung/Erklärung**	**Beispiele**
Nominativ	1. Fall / wird mit „wer?“ erfragt.	*Wer schrieb „Baal“?* *B. Brecht schrieb „Baal“.*
Numerale	Zahlwort (z. B. Kardinalzahl, Ordinalzahl) bzw. Menge.	*fünf / der Siebte / ein Viertel / wenig*
Ordinalzahl	Ordnungszahl	*die erste / zehnte / tausendste Sendung*
Partizip I	Mittelwort I der Gegenwart, es handelt sich um eine infinite Verbform, wird gebildet mit Infinitiv mit angehängtem -d.	*begrenzend / lesend / träumend / verbleibend / weggehend*
Partizip II	Mittelwort II der Vergangenheit, es handelt sich um eine infinite Verbform.	*begrenzt / gelesen / geträumt / verblieben / weggegangen*
Partizip-gruppe	Wortgruppe mit einem Partizip.	*vom Thron herabsteigend / wie gestern besprochen*
Perfekt	Vollendete Gegenwart, wird gebildet mit Hilfsverb („haben“ oder „sein“) plus Partizip II.	*Sie hat gesprochen.* *Wir sind weggegangen.*
Personalpro-nomen	Persönliches Fürwort	*ich / du / er / sie / es / wir / ihr / sie*
Plural	Mehrzahl	*ein Buch → zwei Bücher*
Possessiv-pronomen	Besitzanzeigendes Fürwort	*mein / dein / sein / ihr/ unser / euer*
Prädikat	Satzglied, das den verbalen Teil des Satzes bildet.	*Wir gehen nach Hause.* *Du hättest ihn gehen lassen sollen.*
Prädikativ	Satzteil, das mit einem Verb zusammen das Prädikat bildet.	*Das ist wunderbar.* *Sie wird Ärztin.* *Ihr werdet bestimmt berühmt.*
Präfix	Vorsilbe eines Wortes, die nicht selbständig vorkommt.	*begreifen, entwerfen, Missachtung, veröffentlicht*
Präposition	Verhältniswort, z. B. „an“ / „bei“ / „in“ / „trotz“ / „über“ / „unter“ / „wegen“ / „zeit“	*Sie denkt an die schöne Zeit. Über der Mauer war Stachel-draht. Trotz des Regens gingen sie spazieren.*
Präpositional-gruppe / Präpositional-phrase	Wortgruppe, die von einer Präposition bestimmt wird.	*Der Ring rollte unter den Tisch. Bei der Recherche fanden wir Erstaunliches.*
Präsens	Zeitstufe des Verbs in der Gegenwart.	*Sie spricht.*
Präteritum / Imperfekt	Zeitstufe des Verbs in der einfachen Vergangenheit.	*Sie sprach.*
Pronomen	Fürwort, zum Nomen gehörend oder das Nomen ersetzend. Vgl. Demonstrativ-, Interrogativ-, Personal-, Possessiv- und Relativpronomen.	*Sein Studium war erfolgreich, er machte einen guten Abschluss.*

Fachbegriff	**Übersetzung/Erklärung**	**Beispiele**
Relativpronomen	Fürwort, das eine Beziehung (zum vorgenannten) Nomen herstellt. Leitet einen Relativsatz ein.	*der / die / das / welcher / welche / welches*
Relativsatz	Nebensatzart, die ein Nomen im vorhergehenden Satz näher bestimmt.	*Das duale Studium, das er absolviert, ist stressig. Kennst du die Frau, die dich gerade anlächelt?*
Satzglied / Satzteil	Grammatische Funktionseinheit im Satz: Subjekt, Prädikat, Objekt, Adverbial.	*Ich* (= Subjekt) *gebe* (= Prädikat) *dir* (= Dativobjekt) *das Skript* (= Akkusativobjekt) *morgen* (= Adverbial).
Singular	Einzahl	*ein Buch → zwei Bücher*
stimmhafter Laut	Begriff aus der Phonetik: Laute wie z. B. „b“ / „d“ / „m“ / „s“ / „w“. Diese Laute werden eher „weich und melodisch“ ausgesprochen.	*Ober / Rundung / prima / rasen / Möwe*
stimmloser Laut	Begriff aus der Phonetik: Laute wie z. B. „f“ / „p“ / „ss“ / „ß“ / „z“. Diese Laute werden eher „hart“ ausgesprochen.	*Oper / fassen / größer / zaubern*
Subjekt	Satzglied, das das Geschehen bestimmt. Es steht meistens im Nominativ.	*Der Orkan verwüstete die Stadt. Nachts war die Feuerwehr im Einsatz.*
Suffix	Nachsilbe eines Wortes, die nicht selbständig vorkommt.	*Nachhaltigkeit / einheitlich / Bedingung*
Superlativ	Vergleichform für Adjektive der höchsten Stufe. Vgl. Komparativ.	*lustig – lustiger – am lustigsten Schneewittchen ist die Schönste.*
Teilsatz	Teil eines Satzgefüges (z. B. Haupt- oder Nebensatz). Ein Teilsatz besteht mindestens aus einem Prädikat und einem (genannten oder impliziten) Subjekt.	*Die Prüfungen beginnen (= HS), wenn die Vorlesungszeit beendet ist (= NS).* *Ich fahre jetzt los, bin gleich da.*
Temporaladverb	Adverb, das einen Zeitpunkt oder Zeitraum bezeichnet.	*Kam heute keine Post?* *Die Bahn kommt morgens immer zu spät.*
trennbares Verb	Verb mit Präfix, das im Präsens und Präteritum abgetrennt wird, in den anderen Zeitformen aber wieder angehängt wird.	*abgeben: Er gibt/gab seine BA ab.* *Er hat seine BA abgegeben. Er hat vor, seine BA bald abzugeben.*
Verb	Tätigkeitswort, das eine Tätigkeit, ein Geschehen oder einen Zustand bezeichnet; lat. „verbum“ (= Wort/Aussage), bestimmt wesentlich die Kernaussage eines Satzes. Siehe auch finites und infinites Verb.	*Der LKW fuhr ungebremst in das Stauende.* *Die Autobahn war stundenlang gesperrt.* *Das Betreuungsgeld ist umstritten und wird von vielen als „Herdprämie“ betitelt.*
Vokal	Selbstlaut, Gegenteil von Konsonant.	*a / e / i / o / u / ä / ö / ü*

Fachbegriff	**Übersetzung/Erklärung**	**Beispiele**
Zahlwort/ Zahladjektiv	Siehe Numerale.	

Lösungsteil

Lösungen zu Kapitel 1

Lösung 1

1. Kauen (Nominalisierung, Merkmal: Präposition + Artikel)
2. lernen (einfacher Infinitiv mit „zu")
3. Trainieren (Nominalisierung, Merkmal: Adjektiv davor)
4. Einkaufen (Nominalisierung, Merkmale: Artikel und Adjektiv davor)
5. Erzähltes (Nominalisierung, Merkmal: Artikelendung am Wortende)
6. Lächeln (Nominalisierung, Merkmal: Pronomen davor)
7. Brummen (Nominalisierung, Merkmale: Demonstrativpronomen und Adjektiv davor)
8. Verborgenem (Nominalisierung, Merkmal: Artikelendung am Wortende)
9. Gratulieren (Nominalisierung, Merkmal: Präposition + Artikel)
10. glauben (einfacher Infinitiv)

Lösung 2

1. Lernen (Nominalisierung, Merkmal: Präposition + Artikel)
2. Warten (Nominalisierung, Merkmal: Adjektiv davor)
3. drängeln (einfaches Verb)
4. Gefälschtes (Nominalisierung, Merkmal: Artikelendung am Wortende) / erkennen (Infinitiv mit „zu")
5. Reden (Nominalisierung, Merkmal: Adjektiv davor)
6. Nachdenken (Nominalisierung, Merkmale: Präposition und Adjektiv davor) / lösen (Infinitiv mit „zu")
7. Gesagtes (Nominalisierung)
8. gehen (Infinitiv mit „zu")
9. Durchsehen (Nominalisierung, Merkmal: Präposition + Artikel) / aufgefallen (Verb „auffallen" im Partizip)
10. Gekochtem (Nominalisierung)
11. Entgegenkommen (Nominalisierung, Merkmale: Präposition, Pronomen und Adjektiv) / danken (einfaches Verb)
12. Eintreffen (Nominalisierung, Merkmal: Präposition, Artikel „dem" ist weggelassen) / festgestellt (Verb „feststellen" im Partizip)

13. Experimentieren (Nominalisierung, Merkmal Präposition+Artikel
14. Liebenden (Nominalisierung des Partizips „liebend" von „lieben", der Artikel („den") ist weggelassen)

Lösung 3

1. Schönen (Nominalisierung: Personen)
2. Beste (Nominalisierung: Verschmelzung Präposition + Artikel)
3. besten (Superlativ: „am besten")
4. Gesunden (Nominalisierung: Person)
5. gute (Funktion: Adjektiv) / Gutes (Nominalisierung)
6. Alte (Eigenname: der Alte Fritz)
7. spanischen (Funktion: Adjektiv) / Pariser (geografische Bezeichnung auf -er)
8. Französischen (fester Begriff: Französische Revolution)
9. alter (Funktion: Adjektiv) / Bedeutendes (Nominalisierung)
10. klassische (Funktion: Adjektiv) / sportliche (Funktion: Adjektiv in Rückbezug auf Kleidung)
11. Angenehmes (Nominalisierung) / Nützlichem (Nominalisierung)
12. Reichen (Nominalisierung: Personen)
13. schlankes (Funktion: Adjektiv; den ursprünglich englischen Begriff schreibt man allerdings groß: Lean Management)
14. Blau (Nominalisierung: die blaue Farbe) / rote (Funktion: Adjektiv)
15. Technische (Eigenname: das Technische Hilfswerk) / Freiwillige (Nominalisierung: Personen)
16. Schlimmste (Nominalisierung)
17. schöne (Funktion: Adjektiv) / Alt (Nominalisierung: Personengruppe) / Jung (Nominalisierung: Personengruppe)
18. Altes (Nominalisierung) / Neues (Nominalisierung)
19. neuen (Funktion: Adjektiv) / altes (Funktion: Adjektiv)
20. Dick (Nominalisierung: Filmfigur) / Doof (Nominalisierung: Filmfigur) / dick und dünn (Adjektive ohne Endung, mit Präposition in fester Paarverbindung)
21. echte (Funktion: Adjektiv: bezieht sich auf Schmuckstücke) / unechten (Funktion: Adjektiv)
22. Schweizer (geografische Bezeichnung auf -er)
23. Jugendliche (Nominalisierung: Personen) / jugendlichen (Funktion: Adjektiv)
24. Arm (Nominalisierung: Personengruppe) / Reich (Nominalisierung: Personengruppe)
25. Gelben (fester Begriff: vom ADAC verliehener Preis „Gelber Engel")

Lösung 4

1. Hier / Jetzt (Nominalisierungen)
2. Äußeren (Nominalisierung)
3. öfters (Funktion: Adverb) / Diesseits (Nominalisierung) / Jenseits (Nominalisierung)
4. jetzt (Funktion: Adverb)
5. jenseits (Funktion: Adverb)
6. oben (Funktion: Adverb)
7. hier (Funktion: Adverb)
8. Inneren (Nominalisierung) / sofort (Funktion: Adverb)
9. Öfteren (Nominalisierung)
10. Voraus (Nominalisierung) / bald (Funktion: Adverb)
11. Inneren (fester Begriff, deshalb groß)

Lösung 5

1. der erste (Funktion: Adjektiv) Platz
2. als Erster (Nominalisierung)
3. der Erste (Nominalisierung)
4. im ersten (Funktion: Adjektiv) Stock
5. die zweite (Funktion: Adjektiv) Stimme
6. aus zweiter (Funktion: Adjektiv) Hand
7. der Zweite Weltkrieg (fester Begriff)
8. jeder Zweite (Nominalisierung)
9. der dritte (Funktion: Adjektiv) Mann
10. das nächste (Funktion: Adjektiv) Mal
11. dem Nächsten (Nominalisierung)
12. der vorletzte (Funktion: Adjektiv) Läufer
13. der Letzte (Nominalisierung) des Monats
14. im letzten (Funktion: Adjektiv) Jahr

Lösung 6

1. fünfhunderttausend / Million
2. Sechs / drei
3. jemand
4. eins / anderen
5. Neun
6. Erster / anderen
7. vierzig / ersten

8. Einziger / dreizehn
9. neun
10. viel / alles / einiges
11. paar / Paar
12. Hunderte *oder* hunderte
13. beiden
14. Achtel / bisschen
15. alles Mögliche / null
16. Nichts / nichts

Lösung 7

1. morgens (Adverb) / mittags (Adverb) / abends (Adverb)
2. Morgen (Nomen)
3. Montag (Nomen) / Freitag (Nomen)
4. Abend (Nomen)
5. montags (Adverb) / freitags (Adverb) / Samstagabend (nominales Kompositum)
6. morgen (Temporaladverb) / früh (Adverb) / Freitagmorgen (nominales Kompositum)
7. Morgen (Nomen) / Abend (Nomen)
8. montags (Adverb) / frühmorgens (Adverb)
9. morgens (Adverb) / Nachmittag (Nomen)
10. morgen (Temporaladverb) Abend (Nomen) / gestern (Temporaladverb) Mittag (Nomen)
11. Nachmittag (Nomen) / Samstags (Nomen im Genitiv)
12. Freitagnachmittag (nominales Kompositum) / Samstagvormittag (nominales Kompositum)
13. gestern (Temporaladverb)
14. heute (Temporaladverb) / morgen (Temporaladverb)

Lösung 8

Sehr geehrte Frau Köllner,

bitte bestätigen Sie (Höflichkeitsform) den von uns (Pronomen) vorgeschlagenen Termin bis Ende der Woche, damit wir ihn (Pronomen für „den Termin“) für Sie (Höflichkeitsform) reservieren können.
Falls Sie (Höflichkeitsform) verhindert sein sollten, schlagen Sie (Höflichkeitsform) bitte Ihrerseits (Höflichkeitsform) einen anderen Termin vor.

Bitte denken Sie (Höflichkeitsform) auch daran, alle Ihre (Höflichkeitsform) Unterlagen mitzubringen, damit wir sie (Pronomen für „die Unterlagen“) auf ihre (Possesivpronomen) Richtigkeit überprüfen können.
Sobald Ihre (Höflichkeitsform) Dokumente vorliegen und sie von unserer Abteilung geprüft sind, werden wir Sie (Höflichkeitsform) schriftlich informieren, ob Ihr (Höflichkeitsform) Antrag bewilligt wird.
Mit freundlichen Grüßen

Lösung 9

1. Recht (Nomen)
2. recht (= richtig)
3. Recht (Nomen)
4. recht (= richtig)
5. Recht (= mit Recht)
6. zurecht (Verb: zurechtmachen)
7. Recht (Nomen)
8. recht (= richtig)
9. Recht (Nomen)
10. rechte (= richtige)
11. recht (= richtige Vermutung)
12. Zu Recht (= mit Recht)
13. recht (im Sinne von richtig)
14. zurecht (Verb: zurechtschneiden)
15. Rechten (Nomen im Dativ)
16. Rechts (Nomen im Genitiv)
17. rechts (Adverb)
18. zurecht (Verb: zurechtkommen)
19. recht (im Sinne von: es für alle richtig machen)
20. rechten (= richtigen), rechten (= richtigen)
21. Zu Recht (= mit Recht), zurechtgewiesen (Verb: zurechtweisen)

Lösung 10

Im Hotel saß ein Deutscher (Person = Nomen), der sich mit einer Engländerin unterhielt. Leider konnte sie selbst nur gebrochen d/Deutsch (beides erlaubt) sprechen, aber sie verstand viel und wollte sich unbedingt auf Deutsch (wegen „auf“) unterhalten. Denn sie hatte vor, viel über Deutschland (Land = Nomen) zu erfahren, vor allem über die neuere Geschichte, z. B. über den Tag der Deutschen Einheit (fester Begriff). Sie interessierte sich aber auch für deutsches (Adjektiv) Recht.

Immer wieder forderte sie ihren Gesprächspartner, der ab und zu etwas auf Englisch erklärte, auf: „Bitte sagen Sie das auf Deutsch (wegen „auf")! Ich möchte unbedingt besser die deutsche (Adjektiv) Sprache lernen. Denn mein Deutsch (Sprache = Nomen) ist nicht gut genug."
Sie erzählte, dass sie überlege, ob sie über den Deutschen Akademischen Austauschdienst (Institution: DAAD) ein Jahr nach Deutschland (Land = Nomen) kommen solle, denn nur so könne sie die Deutschen (Personen = Nomen) und die deutsche (Adjektiv) Mentalität kennenlernen sowie ihr Deutsch (Sprache = Nomen) verbessern. Ihr Mann spreche sehr gut d/Deutsch (beides erlaubt), da er in Berlin studiert und promoviert habe. Seit einem Jahr habe er nun in England einen Lehrstuhl für Deutsch (Fach = Nomen). Aber zuhause sprächen sie nie d/Deutsch (beides erlaubt) miteinander, daher fehle ihr die Übung. Einen Aufsatz in Deutsch (wegen „in") zu schreiben, fiele ihr dagegen nicht schwer.

Lösung 11

1. anfangs (Adverb)
2. pleite (Prädikativ in Kombination mit „sein")
3. zeit (Präposition)
4. beiseite (Adverb)
5. Leid (Nomen)
6. zeitlebens (Adverb)
7. schuld (Prädikativ in Kombination mit „sein")
8. trotz (Präposition)
9. leid (Prädikativ in Kombination mit „sein")
10. Abseits (Nomen)
11. Zeit (Nomen)
12. laut (Präposition)
13. Trotz (Nomen)
14. ordnungsgemäß (Adverb)
15. kraft (Präposition)
16. dank (Präposition)
17. Pleite (Nomen)
18. jahrelang (Adverb)
19. Zeit (Nomen)
20. Dank (Nomen)
21. abseits (Adverb)
22. Kraft (Nomen) / anfangs (Adverb)
23. standesgemäß (Adverb)

24. stundenlang (Adverb)
25. zeit (Präposition)

Lösungen zu Kapitel 2

Lösung 12

1. lebenslanges (Adjektiv, zusammengesetzt aus Nomen + Adjektiv mit Fugen-s)
2. blaugraue (Farbadjektiv (Mischfarbe)) / eisige (Adjektiv)
3. Eisessen (Verbnominalisierung)
4. Kaffee trinken (Nomen und Verb)
5. höchst (Adverb, im Sinn von „sehr") erfreuliche (Adjektiv) / feuchtfröhlich (Adjektiv, eigenständiger Begriff, hier als Adverb gebraucht)
6. schön blau (zwei Adjektive, hier als Adverbien gebraucht) / stockbesoffen (Adjektiv, eigenständiger Begriff, hier als Adverb gebraucht)
7. fremdenfeindlichen (Adjektiv, zusammengesetzt aus Nomen + Adjektiv) / rechtswidrigen (Adjektiv)
8. unruhestiftenden oder Unruhe stiftenden (beides möglich)
9. videoüberwachte (Adjektiv, zusammengesetzt aus Nomen + Partizip)
10. innenpolitische (Adjektiv, zusammengesetzt aus Adverb + Adjektiv) / europaweit (Adjektiv, zusammengesetzt aus Nomen + Adjektiv)
11. Einlaufen (Verbnominalisierung) / trocknerbeständig (Adjektiv, zusammengesetzt aus Nomen + Adjektiv, hier als Adverb gebraucht)
12. dummdreiste (Adjektiv, eigenständiger Begriff) / bewundernswert klug (zwei Adjektive, hier als Adverbien gebraucht)
13. Skifahren (Verbnominalisierung) / Motorrad fahren (Nomen und Verb)
14. sommerlich warm (zwei Adjektive, hier als Adverbien gebraucht) / bitterkalt (Adjektiv, eigenständiger Begriff, hier als Adverb gebraucht)
15. herbstlich bunte (zwei Adjektive)
16. nagelneues (Adjektiv, eigenständiger Begriff) / Mountainbike (Nomen)
17. engverwandt oder eng verwandt (beides möglich)
18. Nichtberufstätige (Nominalisierung eines Adjektivs) / alleinerziehende (Adjektiv)
19. höchst (Adverb, im Sinn von „sehr") seltenen (Adjektiv)
20. selbstgebackenen oder selbst gebackenen (beides möglich)
21. kaltgestellte (Partizip als Adjektiv)

22. Römertopf (Eigenname)
23. Aachener Dom (geografische Bezeichnung auf „-er“ und Nomen)
24. gestochen (Adjektiv, im Sinn von „sehr“) scharfe (Adjektiv)
25. resilienzfördernde oder Resilienz fördernde (beides möglich)
26. Selbstverständnis (Nomen, aus Partikel + Nomen)

Lösung 13

1. Rad fahren (Nomen plus Verb)
2. Tangotanzen (Verbnominalisierung)
3. fahren ... heim (trennbares Verb)
4. Ski fahren (Nomen plus Verb) / eislaufen (Wortteile fest verbunden, „eis“ in diesem Fall ein verblasstes Nomen, trennbares Verb)
5. zu umfahren (Infinitiv mit „zu“, untrennbares Verb)
6. umgefahren (Partizip von „umfahren“, trennbares Verb)
7. wieder versuchen (Adverb im Sinn von „erneut/noch einmal“ plus Verb)
8. wiedergegeben (Partizip von „wiedergeben“, trennbares Verb)
9. widersprechen (untrennbares Verb)
10. wieder sprechen (Adverb im Sinn von „erneut/noch einmal“ plus Verb)
11. gefangen genommen (Partizip von „fangen“ plus Partizip von „nehmen“)
12. laufenlassen (übertragener Sinn für „freilassen“, trennbares Verb)
13. laufen lassen (tatsächlicher Sinn, zwei Infinitive)
14. unterstellt (Partizip von „unterstellen“, untrennbares Verb)
15. untergestellt (Partizip von „unterstellen“, trennbares Verb)
16. zu sehen (Infinitiv mit „zu“)
17. zusehen (Infinitiv)
18. aufrechterhalten (Infinitiv, trennbares Verb)
19. aufrecht gehen (Adjektiv im Sinn für „aufgerichtet/gerade“, hier als Adverb benutzt, plus Verb)
20. davongekommen (Partizip von „davonkommen“ = „nicht entdeckt werden“, trennbares Verb)
21. davon gekommen (Adverb „davon“ plus Partizip von „kommen“; auf Betonung achten: <u>da</u>von)
22. gut (= „prima, hervorragend“) gemacht oder gutgemacht (= „etwas wieder in Ordnung bringen“, z. B. „sich entschuldigen“) trennbares Verb; ist hier doppeldeutig, kommt auf den Textzusammenhang an)
23. gutgeschrieben (Partizip von „gutschreiben“ (= „ein Guthaben eintragen/anrechnen“, trennbares Verb)

24. umzugehen (Infinitiv mit „zu" von „umgehen (mit etwas)", trennbares Verb / zu umgehen (Infinitiv mit „zu" von „umgehen" (= „vermeiden"), untrennbares Verb

Lösung 14

1. wahrsagen (= „Entwicklungen voraussehen", untrennbares Verb)
2. voraussehen (trennbares Verb) / weiterentwickeln (= „fortentwickeln", trennbares Verb)
3. überqueren (untrennbares Verb)
4. leichtzunehmen (trennbares Verb, hier im übertragenen Sinn für „sich keine Sorgen machen")
5. glattgehen (trennbares Verb, hier im übertragenen Sinn für „ohne Schwierigkeiten ablaufen")
6. zufrieden sein (immer getrennt wegen „sein")
7. rotgesehen (Partizip von „rotsehen", im übertragenen Sinn für „wütend werden") oder Rot gesehen (im Sinn von „eine rote Ampel sehen"); ist hier doppeldeutig, kommt auf den Textzusammenhang an) / ausgerastet (trennbares Verb im übertragenen Sinn für „die Beherrschung/Nerven verlieren")
8. übrig geblieben (tatsächlicher Sinn, deshalb getrennt)
9. Tut ... leid (im Infinitiv „leidtun" (trennbares Verb)) / gutgeht (übertragener Sinn, hat nichts mit einer Fortbewegung zu tun , trennbares Verb)
10. blaugemacht (Partizip von „blaumachen", übertragener Sinn für „ohne triftigen Grund nicht zur Arbcit/Schule etc. gehen", trennbares Verb)
11. zusammenzubrechen (übertragener Sinn für „aufgeben, etwas nicht mehr tun können", trennbares Verb; getrennt geschrieben würde es „(sich) gemeinsam erbrechen" bedeuten)
12. zuzusagen (im Infinitiv „zusagen" (= „bestätigen"), trennbares Verb)
13. frei sprechen (= „etwas vortragen, ohne abzulesen"), tatsächlicher Sinn
14. bloßzustellen (übertragener Sinn für „jemanden demütigen", trennbares Verb)
15. fertig zu machen (z. B. „das Kind anziehen", tatsächlicher Sinn) oder fertigmachen (übertragener Sinn für „jemanden demüten, schlagen" etc., trennbares Verb); ist also doppeldeutig, kommt auf den Textzusammenhang an)
16. starkzumachen (übertragener Sinn für „sich einsetzen für", trennbares Verb)

17. dabei sein (immer getrennt wegen „sein")
18. arbeiten gekommen (zwei Verben, das zweite steht im Partizip)
19. krankgeschrieben (Partizip von „krankschreiben" = „ein Attest ausstellen, dass man krank ist", trennbares Verb)
20. kaltgelassen (Partizip von „kaltlassen" im Sinn von „innerlich unbeeindruckt bleiben", trennbares Verb)
21. zusammengehalten (Partizip von „zusammenhalten" = „fest zueinanderstehen", trennbares Verb)
22. hochgerechnet (Partizip von „hochrechnen" = „eine Hochrechnung aufstellen", trennbares Verb / kopfrechnen (= „ohne Hilfsmittel rechnen", untrennbares Verb)
23. preisgeben (= „ein Geheimnis verraten", trennbares Verb)

Lösung 15

1. infrage oder in Frage (beide Schreibweisen möglich) / abseits (Adverb)
2. mithilfe oder mit Hilfe (beide Schreibweisen möglich) / zuwege oder zu Wege (beide Schreibweisen möglich)
3. größtenteils (Adverb) / zum Teil (Präposition plus Nomen)
4. einerseits (Adverb) / andererseits (Adverb)
5. Zeit (Nomen) / deinetwegen (Adverb) / Abseits (Nomen)
6. zurzeit (= „momentan", also Adverb) / außerstande oder außer Stande (beide Schreibweisen möglich)
7. einigermaßen (Adverb) / auf übliche Weise (Präposition, Adjektiv plus Nomen)
8. imstande oder im Stande (beide Schreibweisen möglich) / auswärts (Adverb)
9. Notfalls (Adverb, wegen Satzanfang groß) / zuhause oder zu Hause (beide Schreibweisen möglich) / anstandshalber (Adverb)
10. zur Zeit (Präposition plus Nomen) / zugegebenermaßen (Adverb)
11. zur Folge (Präposition plus Nomen) / infolgedessen (Adverb)
12. mithilfe oder mit Hilfe (beide Schreibweisen möglich) / probeweise (Adverb)
13. Allerdings (Adverb, wegen Satzanfang groß) / aufseiten oder auf Seiten (beide Schreibweisen möglich)
14. beizeiten (Adverb) / infrage oder in Frage (beide Schreibweisen möglich)
15. oftmals (Adverb) / zutage oder zu Tage (beide Schreibweisen möglich)

Lösungen zu Kapitel 3

Lösung 16

Geldbuße (langer Vokal + stimmlos) / Interesse (kurzer Vokal + stimmlos) / Grüße (langer Vokal + stimmlos) / Fußball (langer Vokal + stimmlos) / blass (kurzer Vokal + stimmlos) / Los (Auslautverhärtung → Plural: Lose) / Hass (kurzer Vokal + stimmlos) / Hase (stimmhaft) / gemäß (langer Vokal + stimmlos) / Prozess (kurzer Vokal + stimmlos) / schießen (Doppellaut + stimmlos) / Busen (stimmhaft) / draußen (Doppellaut + stimmlos) / Fleiß (Doppellaut + stimmlos) / genießen (Doppellaut + stimmlos) / Reisepass (kurzer Vokal + stimmlos) / gewiss (kurzer Vokal + stimmlos) / Kiesel (stimmhaft) / Kuss (kurzer Vokal + stimmlos) / Ruß (langer Vokal + stimmlos) / groß (langer Vokal + stimmlos) / heiß (Doppellaut + stimmlos) / Floß (langer Vokal + stimmlos) / Straße (langer Vokal + stimmlos) / Rasen (stimmhaft) / gießen (Doppellaut + stimmlos) / Rasse (kurzer Vokal + stimmlos) / Gefäß (langer Vokal + stimmlos) / außen (Doppellaut + stimmlos) / bisschen (kurzer Vokal + stimmlos) / Genuss (kurzer Vokal + stimmlos) / leise (stimmhaft) / Erlass (kurzer Vokal / stimmlos) / Schloss (kurzer Vokal + stimmlos) / nass (kurzer Vokal + stimmlos) / Glas (Auslautverhärtung → Plural: Gläser) / krass (kurzer Vokal + stimmlos) / basisch (stimmhaft) / Bass (kurzer Vokal + stimmlos) / begrüßen (langer Vokal + stimmlos) / dosieren (stimmhaft) / Nuss (kurzer Vokal + stimmlos) / reisen ((stimmhaft) oder reißen (Doppellaut + stimmlos)), Muse ((stimmhaft) = Muse des Künstlers)) oder Muße (langer Vokal + stimmlos) = Zeit und Ruhe, etwas zu tun))

Lösung 17

1. Virus (Fremdwort) / musste (kurzer Vokal + stimmlos) / geschlossen (kurzer Vokal + stimmlos, unregelmäßiges Verb)
2. wisst (kurzer Vokal + stimmlos, unregelmäßiges Verb)
3. weiß (Doppellaut + stimmlos, unregelmäßiges Verb)
4. bisschen (kurzer Vokal + stimmlos)
5. isst (kurzer Vokal + stimmlos, unregelmäßiges Verb)
6. esse (kurzer Vokal + stimmlos) / fast (stimmlos + nach dem s-Laut folgt der Konsonant „t“)
7. lass (kurzer Vokal + stimmlos)
8. entschließen (Doppellaut + stimmlos)
9. Beschluss (kurzer Vokal + stimmlos) / fassen (kurzer Vokal + stimmlos)

10. Gemäß (langer Vokal + stimmlos) / beschließen (Doppellaut + stimmlos)
11. Interesse (kurzer Vokal + stimmlos) / Gewissheit (kurzer Vokal + stimmlos)
12. Terrorismus (Fremdwort endet auf -mus) / Verständnis (Nomen endet auf -nis)
13. Schluss (kurzer Vokal + stimmlos) / Kompromiss (kurzer Vokal + stimmlos) / beschlossen (kurzer Vokal + stimmlos)
14. rußig (langer Vokal + stimmlos)
15. Flüsse (kurzer Vokal + stimmlos) / fließen (Doppellaut + stimmlos)
16. Bussard (kurzer Vokal + stimmlos) / Straßenrand (langer Vokal + stimmlos)
17. Genmais (Auslautverhärtung, im Genitiv: des Maises) / wüste (stimmlos + langer Vokal + nach dem s-Laut folgt der Konsonant „t")
18. schließen (Doppellaut + stimmlos) / heiße (Doppellaut + stimmlos)
19. hieß (Doppellaut + stimmlos) / Preis (einsilbiges Wort mit Auslautverhärtung, Plural: Preise) / heiß (Doppellaut + stimmlos)
20. nass (kurzer Vokal + stimmlos)
21. Spaß (langer Vokal + stimmlos)
22. Maus (einsilbiges Wort mit Auslautverhärtung → Plural: Mäuse) / fraß (langer Vokal + stimmlos, unregelmäßiges Verb)
23. Schweiß (Doppellaut + stimmlos) / heißt (Doppellaut + stimmlos)
24. biss (kurzer Vokal + stimmlos, unregelmäßiges Verb) / bis (einsilbiges Wort mit Auslautverhärtung)
25. Maßen ((langer Vokal + stimmlos) oder Massen (kurzer Vokal + stimmlos), die Schreibung hängt davon ab, wer diesen Satz äußert: Arzt oder Alkoholiker)

Lösung 18

Artikel (A), Demonstrativpronomen (D), Relativpronomen (R) oder Konjunktion (K)

1. Das (D) / das (R)
2. dass (K) / das (A) / dass (K)
3. das (A) / das (R)
4. dass (K) / das (A) / das (R)
5. Das (D) / das (A) / das (R)
6. dass (K)
7. dass (K) / das (A) / das (R) / das (A)
8. dass (K) / das (A) / das (R)

9. dass (K)
10. Das (D)
11. dass (K) / das (D)
12. Das (A) / das (R) / das (D)
13. ohne dass (K)
14. dass (K) / das (D)
15. Dass (K) / das (D)
16. dass (K)
17. Das (A) / das (R)
18. dass (K) / das (R) / das (D)
19. Das (D)

Lösung 19

Artikel (A), Demonstrativpronomen (D), Relativpronomen (R) oder Konjunktion (K)

Nun hoffe ich, dass (K) Sie mit der Unterscheidung von „das" und „dass" keine Probleme mehr haben. Das (D) wäre doch gelacht, wenn Sie sich das (D) in Zukunft nicht merken könnten! Sie haben bestimmt schon ein Referat gehalten, das (R) die kompliziertesten Sachverhalte beinhaltete, so dass (K) ein Laie das sicher nicht verstanden hätte. Damit verglichen ist das (A) Thema, das (R) wir hier bearbeiten, sicher nicht schwerer. Dass (K) Sie sich aber mit dem Problem, das (R) sich bei der Anwendung ergeben kann, befassen sollten, das (D) ist jedoch klar. Lassen Sie sich das (D) alles noch einmal durch den Kopf gehen und üben das (A / D) Thema häufiger, so dass (K) Sie immer sicherer werden. Dann schaffen Sie das (D) auch, das (D) glaube ich sicher!

Lösung 20

1. Amts-an-ma-ßung
2. Au-ßen-fas-sa-den-far-be
3. Be-stand-teil
4. Echt-heits-prü-fung
5. Ent-wick-lungs-hil-fe-pro-jekt
6. Fließ-ei-gen-schaft
7. Geld-über-ga-be-ter-min
8. Ge-schäfts-schlie-ßung
9. He-ro-in-sucht-ge-fähr-de-te
10. Ka-tho-lik
11. Kü-chen-ma-schi-nen-auf-sät-ze

12. Me-moi-ren
13. Pä-da-go-gik-pro-fes-sor *oder* Päd-ago-gik-pro-fes-sor
14. Recht-schreib-re-form
15. Schwei-ne-mast-er-trä-ge
16. Trans-for-ma-tions-gram-ma-tik
17. Um-satz-steu-er-be-frei-ung
18. Uran-ge-halt
19. Ur-ängs-te
20. Ver-ständ-nis

Lösungen zu Kapitel 15

Lösung 21

1. a) Ferien in Bergheim/Elsass – immer ein Genuss!
   b) Ferien in Bergheim (Elsass) – immer ein Genuss!
2. „Das nächste Mal klappt es bestimmt", versicherte sie ihm.
3. Bitte schreiben Sie nur auf DIN-A4-Bogen.
4. In § 28 StGB heißt es: „Wer eine Tat begeht, die durch Notwehr geboten ist, handelt nicht rechtswidrig."
5. Ich habe gestern Agnes' Tasche in der Bibliothek gefunden.
6. „Morgen weht hier ein anderer Wind!", brüllte der neue Abteilungsleiter.
7. Jan fragte, wann die Klausur geschrieben wird.
8. a) Mitarbeiter und Mitarbeiterinnen sind zu vielen Kompromissen bereit – vorausgesetzt das Betriebsklima stimmt.
   b) Mitarbeiter und Mitarbeiterinnen sind zu vielen Kompromissen bereit (vorausgesetzt das Betriebsklima stimmt).
   c) Mitarbeiter und Mitarbeiterinnen sind zu vielen Kompromissen bereit, vorausgesetzt das Betriebsklima stimmt.
9. Sie fliegt vom Rhein-Main-Flughafen direkt auf eine Hawaii-Insel [*oder* Hawaiiinsel].
10. a) Der Unfall ereignete sich bei Glatteis; die Rettungsarbeiten waren dadurch besonders schwierig.
    b) Der Unfall ereignete sich bei Glatteis – die Rettungsarbeiten waren dadurch besonders schwierig.
    c) Der Unfall ereignete sich bei Glatteis, die Rettungsarbeiten waren dadurch besonders schwierig.
11. Wir mahnen Sie zum letzten Mal!

12. „Die Hintergründe dieser eindrucksvollen Effizienzsteigerung im Entwicklungsprozess liegen in der Nutzung der Mechanismen der Interaktiven Wertschöpfung" (Reichwald/Piller: Interaktive Wertschöpfung, 2009, S. 116).
13. Können Sie mir sagen, wie spät es ist?
14. Bin mit 190 km/h über die Autobahn – plötzlich eine Nebelwand.
15. „Glaub mir", tröstete sie ihre Freundin, „bald scheint auch für dich wieder die Sonne."
16. Die Reise war ein einziger Traum!
17. „Die Einführung eines milliardenschweren Betreuungsgeldes wäre hingegen ein Rückschritt und würde wichtige Ziele der Bildungs-, Haushalts- und Familienpolitik gefährden", warnte Dr. Dieter Hundt.
18. Für ABC-Waffen werden mehr Kontrollen gefordert.
19. Er lebt nach dem Motto „Leben und leben lassen".
20. Hast du's jetzt kapiert?
21. a) Julia fragte: „Was kostet der Schnitt in Andreas Haarstudio?" [= weiblicher Besitzer]
    b) Julia fragte: „Was kostet der Schnitt in Andreas' Haarstudio?" [= männlicher Besitzer]
22. a) Die Asiaten (vor allem die Chinesen) werden wirtschaftlich immer stärker.
    b) Die Asiaten – vor allem die Chinesen – werden wirtschaftlich immer stärker.
    c) Die Asiaten, vor allem die Chinesen, werden wirtschaftlich immer stärker.
23. Der demografische Wandel wird die wichtigste Herausforderung des 21. Jh.
24. Ihr 20-jähriger Sohn macht gerade einen Highschool-Abschluss.
25. a) Claudias Pizza (vor allem die Pizza Siciliana) schmeckt am besten!
    b) Claudias Pizza – vor allem die Pizza Siciliana – schmeckt am besten!
    c) Claudias Pizza, vor allem die Pizza Siciliana, schmeckt am besten!
26. 60%iger Alkohol haut ganz schön rein.
27. Freie Träger der Jugendhilfe können etablierte Wohlfahrtsverbände (z. B. Deutscher Caritasverband, Diakonisches Werk) oder Jungendverbände (z. B. Evangelische Jugend, Deutschlands Deutscher Pfadfinderbund) sein.
28. Die Gewinnchance liegt bei 1 : 400.000.
29. Liebe Erstis!
30. Sehr geehrte Frau Müller,

31. Die ZEIT schrieb: „Der Besuch Barack Obamas in Berlin war für die deutsch-amerikanischen Beziehungen wichtig."
32. Der junge Angeklagte (17) senkte den Kopf.
33. Sie las den Artikel „Deutschland in der globalisierten Welt" und machte sich Notizen.
34. Simon, Dario, Tülay und Lena (alle Namen der Schüler geändert) kommen häufig ohne Frühstück zur Schule.
35. Jetzt stimmt's!

Lösungen zu Kapitel 16

Lösung 22

1. Es geschah an einem herrlich sonnigen Sommertag. (nicht gleichrangig)
2. Die schnellen, wendigen spanischen Spieler bereiteten der verunsicherten deutschen Mannschaft oft Schwierigkeiten. („schnell" und „wendig" gleichrangig)
3. Teils hat der Vortrag überzeugt, teils blieben noch zu viele Fragen offen.
4. Der militärische Konflikt ist für diese Region sowohl menschlich als auch wirtschaftlich eine Katastrophe.
5. Ich habe schlecht geschlafen, bin dauernd aufgewacht oder hatte Albträume. (Aufzählung von Wortgrupppen)
6. Der Erlass hat weitreichende soziale Auswirkungen. (nicht gleichrangig)
7. Kennst du auch dieses nette italienische Restaurant? (nicht gleichrangig)
8. Sie war im Dom, im Museum Ludwig sowie in der Philharmonie. (gleichrangig)
9. Wir wünschen euch fröhliche, entspannte Festtage! (gleichrangig)
10. Das Unternehmen investiert einerseits in Südafrika, andererseits auch im Nahen Osten.
11. Er liebt vor allem große(,) blonde Frauen. (Komma freigestellt)
12. Die Wirtschaftspolitik muss unbedingt auf eine gesunde finanzielle Struktur des Staatshaushalts achten. (nicht gleichrangig)
13. Ihr Kleid war rot, kurz und ärmellos. (gleichrangig)
14. Ich habe weder Lust zu putzen noch zu bügeln.
15. Seine Darstellung war interessant, aber auch sehr konfus.

16. Der Aufsatz beschäftigt sich mit sehr speziellen juristischen Fragestellungen. (nicht gleichrangig)
17. Auf der Schmuckbörse gab es viele kunstvoll geschliffene Steine. (nicht gleichrangig)
18. Je länger ich darüber nachdenke, desto unsicherer werde ich.
19. Die müden, durstigen und entkräfteten Wanderer wurden gerettet. (gleichrangig)
20. Der Erfolg hängt sowohl von der Strategie als auch von der momentanen konjunkturellen Lage ab.
21. Sein Auftreten war nicht nur sehr elegant, sondern er hatte auch die richtige Ausstrahlung.
22. Im Koffer fand die Polizei dreißig gefälschte deutsche Ausweise. (nicht gleichrangig)
23. Beim BAföG wird nach Schulen, Schularten bzw. Art der Ausbildung unterschieden.
24. Die Thesen sind zum einen detailliert, zum anderen zu kompliziert.
25. Die neuen vertraglich geregelten Einzelheiten wurden verschickt. (nicht gleichrangig)
26. Entweder entscheidest du dich jetzt oder wir lassen es bleiben.
27. Ich drücke dir ganz, ganz fest die Daumen!

Lösung 23

1. Als ich nach Hause kam (NS), war es schon dunkel (HS).
2. Die Zeitschrift wird an Jugendliche verteilt (HS), kann aber auch kostenlos abonniert werden (unvollständiger HS).
3. Das Unternehmen teilte uns mit (HS), dass die Ware heute verschickt wurde (1. NS), so dass wir sie innerhalb von drei Werktagen erhalten werden (2. NS).
4. Auch ich bin mit meiner Arbeit nicht so weit gekommen (HS), wie ich eigentlich sein wollte (NS).
5. Wie formulieren Sie Ihre Bewerbung und welche Anlagen gehören dazu? (zwei durch „und“ verbundene Fragesätze)
6. Dass diese Revolution unblutig verläuft (NS), ist sehr unwahrscheinlich (HS).
7. Wer selbst nie ein Buch liest (NS), wird seinen Nachwuchs schwerlich zum Lesen animieren können (HS).
8. An jedem Kiosk kann man Romanheftchen kaufen (1. HS), sie kosten nicht viel (2. HS), man nennt sie auch „Groschenromane“ (3. HS).

9. Auf der Suche nach einer literaturwissenschaftlichen Definition von Stereotyp (kein Komma: Präpositionalphrase) schaut man in den meisten gängigen Lexika vergeblich nach (HS).
10. Ist die deutsche Sprache der Kinder mit Migrationshintergrund altersgemäß entwickelt (uneingeleiteter NS), können diese problemlos an Immersionsprogrammen teilnehmen (HS).
11. Einige auffällige Schüler(,) wie Jan und Julian(,) brauchen dringend sozialpädagogische Hilfe.
12. Wo man in Deutschland sehr hartes Wasser vorfindet (NS), ist in der folgenden Karte rot markiert (HS).
13. Schreib mir bitte (HS), bis wann genau du in Urlaub sein wirst (NS).
14. Lara fliegt nach Mallorca und Julia trampt nach Italien, Martin wird an die Nordsee fahren (Reihung von HS).
15. Aufgrund der relativ geringen Nachfrage aus dem Ausland (kein Komma: Präpositionalphrase) bewertete man die Blue Card als Misserfolg (HS).
16. Egal(,) was ich sage (NS), du willst es falsch verstehen (HS).

Lösung 24

1. Ich lese das Buch (HS), das ich mir gestern gekauft habe (NS), es ist sehr spannend (HS).
2. Überlegen Sie sich (HS), wie Sie es machen wollen (NS), und informieren Sie mich dann (HS).
3. Für eine erste Prüfung der vermuteten Beziehung zwischen den gewählten Variablen (kein Komma: Präpositionalphrase) empfiehlt sich die Darstellung der Daten in einem Streudiagramm (HS).
4. Steht man der Gentechnik hierzulande auch kritisch gegenüber (uneingeleiteter NS), ist ihr Einsatz in der Medizin schon lange Standard (HS).
5. Alles ist nur passiert (HS), weil du die Ampel (1. NS, Beginn), die rot war (2. NS), übersehen hast (1. NS, Fortführung).
6. Ihm fehlte die Luft zum Atmen (1. HS), er wollte frei sein (2. HS), er musste einfach weggehen (3. HS).
7. Es dauerte Monate (HS), bis sie verstand (NS 1), was wirklich geschehen war (NS 2).
8. Eine Tat kann nur bestraft werden (HS), wenn die Strafbarkeit gesetzlich bestimmt war (1. NS), bevor die Tat begangen wurde (2. NS).
9. Der Richter (HS, Beginn), nach dessen Urteil es Tumult gab (NS), ließ den Saal räumen (HS, Fortführung).

10. Er wird erst nächste Woche kommen können (1. HS), das heißt (2. HS), unser Treffen verschiebt sich noch einmal (3. HS).
11. Ähnliche Tapeten (HS, Beginn), wie sie in den 70er Jahren modern waren (NS), sind heute wieder angesagt (HS, Fortführung).
12. Während Techniker das Wasser abpumpten (1. NS), machten sich die Experten Gedanken (HS), wie sie den Nebenarm des Flusses trockenlegen könnten (2. NS).
13. Obwohl die Zahl der Arbeitslosen steigt (NS), beklagen viele Unternehmer (HS), dass sie keine geeigneten Fachkräfte fänden (NS).
14. In Abhängigkeit zur aufgestellten Hypothese (kein Komma: Präpositionalphrase) bedarf es der sorgfältigen Auswahl einer geeigneten Methode (HS).
15. Wenn das Maximum nur in seiner Umgebung der höchste Punkt ist (NS), dann nennen wir diesen Punkt lokales oder relatives Maximum (HS).
16. Ist er der höchste Punkt der gesamten Funktion (uneingeleiteter NS), so nennen wir ihn globales oder absolutes Maximum (HS).
17. Er habe keine besondere Begabung (uneingeleiteter NS, indirekte Rede), sagte einst Albert Einstein (HS), er sei nur leidenschaftlich neugierig (indirekte Rede).
18. Einem Unternehmer (HS, Beginn), der im Gemeinschaftsgebiet ansässig ist und Umsätze ausführt (1. NS), die zum Teil den Vorsteuerabzug ausschließen (2. NS), wird die Vorsteuer höchstens in der Höhe vergütet (HS, Fortführung), in der er in dem Mitgliedstaat (3. NS, Beginn), in dem er ansässig ist (4. NS), bei Anwendung eines Pro-rata-Satzes zum Vorsteuerabzug berechtigt wäre (3. NS, Fortführung).
19. Der Parlamentarische Rat zog 1949 die Konsequenzen aus den Erfahrungen der Vergangenheit und engte die politischen Rechte des Staatsoberhauptes stärker ein (HS).
20. Im Kölner Rosenmontagszug rollt nun doch ein Umzugswagen mit einem Charlie-Hebdo-Motiv (HS), dessen Entwurf das Festkomitee bislang nicht vorgestellt hatte (NS).

Lösung 25

1. Eine Delegation ist nach Genf abgereist, um (R (= Regel) 1) an einer Konferenz teilzunehmen.
2. Warum hattest du keinen Mut(,) (Komma nicht empfohlen) zu fragen.
3. Statt (R 1) lange zu warten, sprach er sie einfach an.
4. Er hatte Gelegenheit (R 2), sich zu verbessern.

5. Sie beherrschte die <u>Kunst</u>(,)(Komma nicht empfohlen) zu überzeugen.
6. Arzt zu werden, <u>dies</u> (R 3) war schon immer sein größter Wunsch.
7. Wir haben nichts zu verlieren.
8. <u>Es</u> (R 3) ist sinnvoll, diese Dinge zu untersuchen.
9. Sie haben viele <u>Möglichkeiten</u> (R 2), eigene Aktivitäten zu entfalten.
10. Es hat noch nie geschadet(,)(Komma nicht empfohlen) nachzudenken.
11. Er war zu müde(,) (alte Regel bzw. Zusatzregel 1) sich das alles zu merken.
12. Da wird dir nichts anderes übrig bleiben, <u>als</u> (R 1) realistisch zu denken.
13. Bei der Anmeldung ist eine Anzahlung in Höhe von 50,- zu bezahlen.
14. Dir bleibt nichts anderes übrig, <u>außer</u> (R 1) dich damit abzufinden.
15. Es gab viel auf der Insel zu sehen und Neues zu entdecken.
16. Der Verhandlungspartner stimmte zu, <u>ohne</u> (R 1) zu zögern.
17. Kommt auf den Sinn an, erfasst durch Zusatzregel 2: a) Sylvia bittet, Simon um 8 Uhr Frühstück zu machen. b) Sylvia bittet Simon, um 8 Uhr Frühstück zu machen. c) Sylvia bittet Simon um 8 Uhr, Frühstück zu machen.

Lösung 26

1. Leider ist die Zeichensetzung, insbesondere die Kommasetzung, grundsätzlich ein vernachlässigter Bereich in der Rechtschreibung. (R (= Regel) 2)
2. Simon will auswandern, und zwar nach Australien. (R 1)
3. Ägypten verdankt seine Fruchtbarkeit den Wassermassen des Nils, des größten Flusses in Afrika. (R 1, Apposition)
4. Dieser Problematik könnte man durch eine vorläufige Gestattung des Verlustabzugs entgegenwirken, z. B. nach § 165 AO. (R 1)
5. Die Keime vermehren sich bei Hitze, vor allem bei hoher Luftfeuchtigkeit. (R 1)
6. Der Bäckereibetrieb Teigig, ein traditionsreiches Familienunternehmen, war wieder äußerst erfolgreich. (R 2, Apposition)
7. Durch Blitzlicht werden z. B. die Elektronen der Atome im Lasermedium in den Zustand 3 gepumpt. („z. B." ist integriert)
8. Videoclips können auch als Infragestellung des bisher Erarbeiteten, d. h. als Vertiefung des Unterrichtsthemas dienen. (R 1)

9. Er wird erst nächste Woche zurückkommen, das heißt, dass wir das Treffen noch einmal verschieben müssen. (R 1 plus Komma vor Nebensatz)
10. Martin P., der jugendliche Angeklagte, verweigerte die Aussage. (R 2, Apposition)
11. Bitte kommt pünktlich, also spätestens um 18 Uhr. (R 1)
12. Ich wollte schon immer Pianist werden, und zwar schon als Kind. (R 1)
13. Vor allem geht es um einen veränderten Blickwinkel. (R 3)
14. Das Grundstück, ein angrenzendes Waldgebiet, sollte zur Bebauung freigegeben werden. (R 2, Apposition)
15. Beim Sport kann ich mich am besten erholen, besonders beim Joggen. (R 1)
16. Der optimale Erntezeitpunkt liegt also zwischen 13 und 14 Stunden. („also" ist integriert)
17. Das Bild zeigt Herrn Drollig, Gründer des Unternehmens, bei seiner Tätigkeit. (R 2, Apposition)
18. Oxidoreduktasen werden bei der Herstellung von Synthesebausteinen in der Pharmaindustrie verwendet, wie z. B. bei der Produktion von Anti-Tumormitteln. (R 1)
19. Als Auslöser für diese Entwicklungen sieht Postman die elektronischen Medien des 20. Jahrhunderts, insbesondere das Fernsehen. (R 1)
20. Vorsicht ist vor allem in kalten Gewässern geboten. („vor allem" ist integriert)
21. Bedeutende Biochemiker(,) wie Crick, Watson und Wilkins(,) haben zur Entdeckung und Entschlüsselung menschlicher DNA beigetragen. (Komma freigestellt, Besonderheit 3)

(Kommentiertes) Literaturverzeichnis

Nachschlagewerke:

DUDEN, Band 1: Die deutsche Rechtschreibung, 26. Auflage, Berlin 2013.

DUDEN, Band 9: Richtiges und gutes Deutsch, 7., vollständig überarbeitete und erweiterte Auflage, Mannheim 2011.

DUDEN: Komma, Punkt und alle anderen Satzzeichen, 5., überarbeitete Auflage, Mannheim 2007.

In diesem Band finden sich auch viele Spezialfälle der Zeichensetzung. Vor allem interessant und hilfreich ist die 60 Seiten umfassende Tabelle mit allen im Deutschen vorkommenden Konjunktionen. Anhand von Satzbeispielen wird gezeigt, bei welchen Konjunktionen ein Komma stehen muss, nicht stehen darf und wann dies freigestellt ist – mit Begründung.

WAHRIG: Die deutsche Rechtschreibung, Gütersloh/München 2009.

Internetadressen:

http://www.canoo.net/

Eine sehr gute Seite zum Nachschauen von Regeln und Beispielen zur Rechtschreibung, Grammatik, Wortbildung und zu vielen anderen Sprachphänomenen; man bekommt ausführliche Erklärungen.

Zusätzlich hat man die Möglichkeit, per Mail Fragen zu obengenannten Themenbereichen zu stellen. Meiner Erfahrung nach erfolgt die Antwort innerhalb einer Stunde!

http://www.die-nachrichtenagenturen.de/wortlisten.htm

Auf dieser Seite der Nachrichtenagenturen findet sich u. a. eine Wortliste der Agenturschreibweisen mit Anmerkungen dazu (als Word-Datei und als PDF). Zudem gibt es eine zweite Liste von ca. 500 Wörtern, bei denen DUDEN und WAHRIG unterschiedliche Empfehlungen geben, so dass die Agenturen von jeweils einer der beiden Empfehlungen abweichen müssen (ebenfalls als Word-Datei und als PDF).

http://www.duden.de/

Auf dieser Seite findet man u. a. das Wörterbuch Duden online.

Die Handhabung über die Suchfunktion ist einfach, man bekommt viele Informationen zum gesuchten Phänomen, bei Bedarf (per Klick) dann weitere Infos.

Zudem gibt es die Möglichkeit, telefonisch die sog. Sprachberatung in Anspruch zu nehmen – habe ich selbst nicht getestet.

Das ebenfalls auf dieser Seite angebotene Textprüfungsprogramm arbeitet nicht einwandfrei, es markiert weder alle Rechtschreib- noch alle Zeichensetzungsfehler im Text – ist also nicht wirklich empfehlenswert.

http://www.rechtschreibrat.com/

Auf dieser Seite findet man u. a. ein PDF zu den 2006 erlassenen Regeln zur Rechtschreibung sowie ein Wörterverzeichnis in einem weiteren PDF.

Ergänzende Literatur:

Esselborn-Krumbiegel, Helga: Richtig wissenschaftlich schreiben – Wissenschaftssprache in Regeln und Übungen, 3. Aufl., Paderborn 2014.

Sehr empfehlenswert für alle, die praktische Hilfestellungen suchen, um sich wissenschaftlich (besser) auszudrücken. Anhand von vielen Beispielen und Übungen lernt man, wie man seine wissenschaftliche Arbeit plant, strukturiert, präzise formuliert und letztlich in einer – im wahrsten Sinn des Wortes – ansprechenden Form präsentiert.

Heringer, Hans Jürgen: Deutsche Grammatik und Wortbildung – in 125 Fragen und Antworten, Tübingen 2014.

Sehr geeignet für alle, die bisher vergeblich in Grammatiken nach Antworten auf ihre Fragen gesucht haben. In diesem Buch haben Sie eine gute Chance, Ihre Frage schnell zu finden und kompetent, aber nicht zu ausschweifend erklärt zu bekommen – gute grafische Darstellungen.

Heuer, Walter: Richtiges Deutsch – Vollständige Grammatik und Rechtschreiblehre, 31., überarbeitete Aufl., Zürich 2014.

Ein sehr ausführliches (über 600 Seiten starkes) und anschauliches Buch zu „allen" Fragen, die die deutsche Sprache betreffen. Neben Grammatik, Satz- und Wortlehre sowie Rechtschreibung und Zeichensetzung wird auch auf stilistische Fragen und häufig vorkommende Fehler eingegangen. Am Ende des Buchs finden sich kleinere Fehlertexte zum Üben mit anschließender Lösung.

Register

A

Abkürzung
- Apostroph 128
- Bindestrich 114
- Punkt 97 f.

Adjektiv
- Begriffserklärung 176
- klein/groß 23 ff.
- Ordinalzahl 30
- *recht, rechte/r/s* 42
- Zusammenschreibung 52

Adverb
- Adverb+Adjektiv 53
- Begriffserklärung 176
- klein/groß 28 ff.
- Nomen 47 f.
- *recht* 42
- Wochentage/Tageszeiten 35 ff.
- Zusammenschreibung 70 f.

Akkusativ 176

alle/alles 30

Andere/andere 30 f.

Anführungsstriche
- Begriffe/Titel 123 f.
- doppelte 122 ff.
- einfache 124, 165
- Ironie 123
- Zitate 124, 163 ff., 170 f.

Anrede 39 f., 102 f.

Apostroph 126 ff.

Apposition
- Begriffserklärung 154, 176
- Komma 154 ff.

Artikel
- Begriffserklärung 176
- *das* oder *dass?* 81 ff.
- Nomen 20
- Verben 21 f.
- Adjektive 23 ff.

Attribut
- Begriffserklärung 176
- Komma 132 ff.

Aufzählung
- Doppelpunkt 120
- Komma 132 ff.
- Spiegelstriche 161 f.

Auslautverhärtung
- Begriffserklärung 176
- s-Laut 76 ff.

Ausruf/Interjektion
- Ausrufezeichen 102 ff.
- Anführungszeichen 123
- Begriffserklärung 177
- Komma 160

Ausrufezeichen 102 ff.
- Anführungszeichen 123

Auslassungen
- Apostroph 126
- Klammer 108
- Punkte 98
- Zitat 165

Aussagesatz
- Anführungszeichen 122
- Punkt 97, 100

B

beide 30 ff.

Bindestrich 111 ff.

D

das 81 ff.

dass 81 ff.

dass-Satz 139 ff.

Dativ 176

Deklination/deklinieren 176

Demonstrativpronomen 81 f., 176

Deutsch/deutsch 45 f.

Diphthong (Doppellaut)
- Begriffserklärung 176
- s-Laut 79

Durchkopplung
- Begriffserklärung 176
- Bindestrich 113

Doppelpunkt 120 ff.
- Literaturverzeichnis 172 ff.
- Quellenangabe/Harvard 167

Duzen 39 f.

E

eine 30

einige 30, 32

Einschub
- Gedankenstrich 118 f.
- Komma bei Apposition 155
- Komma bei Partizipgruppen 153
- Komma bei *wie* 156 f.

Eigenname
- Adjektive 26, 45
- Apostroph 126
- Bindestrich 112
- getrennt/zusammen 52

Ergänzung
- Komma 156
- mit Klammern 106 ff.
- Doppelpunkt 120

Erste/erste (siehe Ordinalzahlen) 30 ff.

F

Farbadjektiv (siehe Adjektive) 24 ff.
Fehler (im Originaltext)/*sic* 108, 165
Feststehende Begriffe/Eigennamen 45, 52
Feste Wortverbindungen/Formulierungen 71 f.
Finites Verb
- Begriffserklärung 177
- Nebensatz 139 f., 145 f., 156

Fragesatz
- direkt 123
- indirekt 97, 105

Fragepronomen 139 f., 177
Fragezeichen 104 ff., 123, 177
Fremdwörter 85 ff.
- Bindestrich 112, 114
- Konjugation 89 f.
- Pluralbildung 87 ff.
- neue Schreibweisen 85 f.
- s-Laut 77 f.
- Worttrennung 92

Fugen-s, Fugen-n 53, 111 f., 177
Fußnote
- Punkt 98 f.
- Schrägstrich 110
- Semikolon 101
- Quellenangabe 169 ff.
- Zitat, eingerückt 164

Fußnotenziffer: wohin? 170 f.

G

Ganzsatz 121, 177
Gedankenstrich
- einfach 117 f.
- paarig 118 f.
- Untertitel 172, 175

Genitiv
- Apostroph 126 f.
- Begriffserklärung 177
- Wochentage/Tageszeiten 35 f., 47

Geografische Begriffe
- Bindestrich 112
- Fremdwortschreibung: Änderungen 85 f.
- Kleinschreibung 25
- Großschreibung 26
- getrennt oder zusammen 52

Grundzahl (siehe Kardinalzahl) 31, 177
Grußformel und Satzzeichen 39, 159 f.

H

Harvard-Methode 167
Hauptsatz
- Begriffserklärung 177
- Komma 137 f.
- mit Nebensatz 140 ff.

Hilfsverb
- Begriffserklärung 177
- Infinitiv mit *zu* 151 f.

Höflichkeitsform 39 f.

I

Imperativ 127, 177
Indefinitpronomen 30 ff., 177
Infinitiv 177
Infinitivgruppe/Infinitiv mit *zu*
- Begriffserklärung 177
- Komma 132, 148 ff.

indirekte Rede
- Begriffserklärung 177
- Komma 141

Interjektion/Ausruf 177
- Begriffserklärung 177
- Komma 160

J

Jahreszahl
- Apostroph 128
- Literaturverzeichnis 172 ff.
- Quellenangabe 166 ff.

jeder/jemand/niemand 30 f.

K

Kardinalzahl 31, 177
Klammer
- eckige 108, 165 ff., 173
- runde 106 ff., 166 ff., 171 ff.

Komma 131-162
Komparativ 177
Kompositum
- Begriffserklärung 178
- Bindestrich 115 f.
- Wochentage/Tageszeiten 36

Konditionalsatz
- Begriffserklärung 178
- Komma 141

Konjugation/konjugieren

Begriffserklärung 178
Verben, englische 89 f.
Verben mit *ß* 79
Konjunktion
Begriffserklärung 178
nebengeordnet 134 f.
untergeordnet 139 ff., 144
Konjunktiv I/indirekte Rede
Begriffserklärung 178
Komma 141
Konsonant
Begriffserklärung 178
s-Laut 77
Worttrennung 91 f.
Konzessivsatz 142, 178
Kurzbeleg 166 ff.

L
Literaturangaben (siehe Quellenangaben)
Literaturbeleg (siehe Quellenangaben)
Literaturverzeichnis 172 ff.
Punkt 98
Schrägstrich 110
Gedankenstrich 118

M
manche/mancher 30 f.
Mengenangaben (siehe Indefinitpronomen)
Morgen/morgen/morgens 35 ff.

N
Nebensatz(arten) 138 ff., 178
Nomen 178
Großschreibung 20
Kleinschreibung 47 ff.
Nominalisierung
Adjektiv 25 f.
Adverb 29
Numerale 31 ff.
Verb 21 f.
Nominativ 179
Numerale/Numeralien 30 ff., 179
Nummerierung (Vancouver-Style) 168 f.

O
Ordinalzahl
Begriffserklärung 179
Numerale 30 ff.
Punkt 97, 99

P
Partizip I
Begriffserklärung 179
Getrennt-/Zusammenschreibung 54 f.
Partizip II
Begriffserklärung 179
Getrennt-/Zusammenschreibung 65
Partizipgruppe
Begriffserklärung 179
Komma 154 ff.
Partizipverbindung, übertragener Sinn 55
Perfekt 179
Personalpronomen 179
Plural
Apostroph 128
Begriffserklärung 179
bei Fremdwörtern 87 ff.
Possessivpronomen
Anrede/Siezen 39
Begriffserklärung 179
Prädikat 179
Prädikativ 47 f., 179
Präfix
Begriffserklärung 179
trennbares Verb 60 f.
Präposition 48
Begriffserklärung 179
Nominalphrase mit Präp. 145
Präp. + Adjektiv 25
Präp. + Artikel 20, 26, 127 f.
Zeitangaben 159
Präpositionalphrase/Präpositionalgruppe 145, 179
Präsens 179
Präteritum 179
Pronomen
Begriffserklärung 179
bei der Anrede 39
bei Nomen/Nominalisierung 20 f.
beim Nebensatz 139
das/dies 81 f.
Punkt 97 ff.
Abkürzung 97 f.
Auslassung 98, 108
Fragesatz, indirekt 105
Literaturverzeichnis 99, 173
Ordinalzahl 97, 99
Quellenangabe 98 f., 167, 169, 170 f.
Zitat, direkt 164

Q
Quellenangabe
Fußnoten 169 ff.
Klammern 166 ff.
Literaturverzeichnis 172 ff.

R
Recht/recht 41 ff.
Rede
  direkte 100, 122 f., 176
  indirekte 141, 177
Relativpronomen 81 f., 139 f.
  Begriffserklärung 180
Relativsatz 82, 139
  Begriffserklärung 180

S
Satzteil 131 f.
Scharfes-s (= ß) 78 ff.
Schrägstrich 109 f.
  im Literaturverzeichnis 173
Sekundärquelle bei Harvard-Methode 167
Semikolon 101
  in Fußnote 170
  im Literauturverzeichnis 172 ff.
Siezen (siehe Höflichkeitsform)
sic 108, 165
Silbentrennung (siehe Worttrennung)
Singular 180
s-Laut 76 ff.
  s 76 ff.
  ss 78 ff.
  ß 78 ff.
  stimmhaft 76 ff., 180
  stimmlos 76 ff., 180
Spiegelstriche 161 f.
Subjekt 180
Suffix
  Adverb 70 f.
  Begriffserklärung 180
  Bindestrich 113
Superlativ
  Adjektiv 24
  Begriffserklärung 180

T
Teilsatz
  Begriffserklärung 180
  Semikolon 101
  Doppelpunkt, Kleinschreibung 121
Temporaladverb 37, 180
Trennbares Verb 60 ff.
  Begriffserklärung 60, 180
Trennregeln (siehe Worttrennung)
Trennstrich 93

V
Vancouver-Style 168 f.
Verb
  Begriffserklärung 180
  englische Verben konjugieren 89 f.
  Getrennt- oder Zusammenschreibung 58 ff.
  Groß- oder Kleinschreibung 21 f.
  Stellung im Nebensatz 139
Vergleich oder Vergleichssatz? 145 f.
Verweisnummer (siehe Vancouver-Style)
Vokal 180
Vollbeleg 169 f.

W
Worttrennung 91 ff.

Z
Zahladjektiv/Zahlwort 20, 30, 181
Zahl- und Zeichenkombination bei Bindestrich 112 f.
Zeichenkombination bei Quellenangabe mit Fußnoten 170 f.
Zeitangaben, mehrteilig 159
Zitat
  direkt 124, 163 ff.
  indirekt 165 f.
Zusatz
  nachgestellte Erläuterung/Komma 154 ff.
  des Verfassers/der Verfasserin bei Zitat 165
Zusammenschreibung
  Adjektive 52 ff.
  feste Wortverbindungen 71 f.
  Nomen 51 f.
  Nomen + Adjektiv 52
  Nominalisierung: Nomen + Verb 59, 66
  Partizipien 53 f.
  Verben 58 ff.
  Wochentage/Tageszeiten 36